KB158163

항공 핵심 역량 강화 시리즈(NCS)

비행 중 서비스

항공 핵심 역량 강화 시리즈(NCS)

비행 중 서비스

머리말

본 교재에서는 항공객실 직무역량강화 필수 능력단위 항목인

- 기내 안전관리
- 승객 탑승 전 준비
- 승객 탑승 및 이륙 전 서비스
- 비행 중 서비스
- 착륙 전 서비스
- 착륙 후 서비스
- 승객 하기 후 관리
- 응급환자 대처
- 항공기내방송 업무
- 고객만족 서비스를

예비 승무원인 학생들의 능력단위별로 분권하여 미래 예비 승무원들의 수준에 맞도록 튼실하고 짜임새 있게 저술하였으며 항공객실서비스를 학습하는데 능력단위별 주교재/부교재로 선택할 수 있게 하였고 유사분야로 사료되는 '승객 탑승 전 준비, 승객 탑승 및 이륙 전 서비스', '착륙 전 서비스, 착륙 후 서비스' 등 밀접하게 연관성 있는 능력단위를 합본하여 학생들로 하여금 체계적인 선수 및 후수 학습을 가능하게 하였다.

따라서 본 교재의 특징인 최신사진과 객실승무경력 32년 저자의 경험을 담은 글을 함께 학습하면 항공객실서비스 분야에서 원하는 모든 항공지식을 습득·함양할 수 있으며 예비 승무원들이 원하는 항공사에 입사 후, 재교육의 필요 없이 객실승무비행에 임할 수 있는 자격과 지식을 갖추게 될 것이라 자신하고 싶고 항공객실서비스에 대해 재교육을 받을 시에는 본 교재의 선학습 효과로 인해 어느 훈련생보다도 상당히 우수한 성적으로 수료하지 않을까 확신한다. 이는 곧 국가와 항공회사의 신입승무원 재교육이라는 큰 부담을 덜어주는 촉매제 역할을 하게 될 것이며, 아울러 개인·항공회사·국가의 경쟁력 강화로 이어지지 않을까 생각한다.

2020년

저자 씀

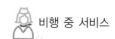

'비행 중 서비스'

능력단위 명칭 : 비행 중 서비스
능력단위 정의 : 비행 중 서비스란 기내음료제공, 기내식제공, 기내오락물제공, 면세품 판매, 객실 상태점검을 수행하는 능력이다.

능력단위요소	수행 준거
기내음료 제공하기	1.1 객실 서비스 규정에 따라, 비알콜 음료(Cold Beverage, Hot Beverage)에 관한 정보를 승객에게 전달할 수 있다. 1.2 객실 서비스 규정에 따라, 다양한 칵테일 제조에 필요한 술의 종류와 첨가 음료에 관한 정보를 숙지하여, 제조할 수 있다. 1.3 객실 서비스 규정에 따라, 다양한 와인에 관한 정보를 파악하여, 서비스 및 회수할 수 있다.
	【지식】 • 칵테일 제조 및 서비스 이해 • 알콜 · 비알콜 음료에 대한 지식 • 테이블 매너 이해 • 와인에 대한 지식(원산지, 특성, 어울리는 음식, 서비스 방법) • 원산지별 커피종류와 로스팅 등 음용 방법 이해
	【기술】 • 칵테일 제조 능력 • 와인 서비스 능력 • 음료서비스 기물 사용 기술(머들러, 캐리어, 칵테일 종류에 따른 글라스 선정, 칵테일 픽, 코스터 등)
	【태도】 • 적극적 자세 유지 • 고객 특성에 대한 이해 노력
기내식 제공하기	2.1 객실 서비스 규정에 따라, 기내에서 제공되는 식사를 위한 세팅(Setting) 및 데우기(Heating) 등을 수행할 수 있다. 2.2 특별서비스요청서(SSR: Special Service Request)에 따라 특별식을 확인 후, 서비스 및 회수할 수 있다. 2.3 객실 서비스 규정에 따라, 승객 선호를 확인하여, 테이블 매너에 따른 기내식을 서비스 및 회수할 수 있다.
	【지식】 • 테이블 매너 이해 • 고객 만족 서비스 이해 • 기내식 서비스를 위한 기물의 종류와 사용법 • 특별식 종류와 특성 이해

	【기술】	● 세련된 서비스 매너 기술 ● 코스별 서비스 기술 ● 세팅(Setting) 기술 ● 데우기(Heating) 기술
	【태도】	● 세심한 태도 ● 배려있는 태도 ● 겸손한 태도 ● 친절한 태도
면세품 판매하기		4.1 객실 서비스 규정에 따라, 면세품 판매를 위한 기본적인 상품을 세팅하고, 판매할 수 있다. 4.2 객실 서비스 규정에 따라, 국가별 면세품 구매 한도에 관한 정보를 전달할 수 있다. 4.3 객실 서비스 규정에 따라, 면세품 판매 전ㆍ후 재고파악 및 인수인계를 위한 서류를 정리할 수 있다.
	【지식】	● 국가별 면세 한도액 규정 이해 ● 기내 면세품에 관한 정보 이해 ● 객실 서비스 규정 이해
	【기술】	● 효율적인 판매를 위한 세팅 기술 ● 신용카드 리더기 사용 기술 ● 인수인계를 위한 행정 서류 정리 기술
	【태도】	● 세심한 태도 ● 정확성 유지 ● 친절한 태도
객실 상태 점검하기		5.1 객실 서비스 규정에 따라, 고객 서비스를 위해 객실 시설물을 수시로 점검하고, 조치를 할 수 있다. 5.2 객실 서비스 규정에 따라 기내식 서비스 후 객실 통로 및 주변을 청결히 할 수 있다. 5.3 객실 서비스 규정에 따라 승객의 쾌적한 여행을 위해 객실 내 온도 및 조명을 관리할 수 있다.
	【지식】	● 화장실 용품사용법 ● 화장실 설비에 관한 지식 ● 조리실(Galley) 내 기물 사용법 ● 조리실(Galley) 내 용품에 관한 지식
	【기술】	● 조리실(Galley) 내 용품 정돈 기술 ● 인수인계 용품의 확인과 정리 기술 ● 객실 온도 및 조명 조절 기술
	【태도】	● 성실한 태도 ● 청결함 유지

자가진단표

	비행 중 서비스					
진단 영역	진단 문항	매우 미흡	미흡	보통	우수	매우 우수
기내음료 제공하기	1. 나는 객실 서비스 규정에 따라, 비알콜 음료(Cold Beverage, Hot Beverage)에 관한 정보를 승객에게 전달할 수 있다.	①	②	③	④	⑤
	2. 나는 객실 서비스 규정에 따라, 다양한 칵테일 제조에 필요한 술의 종류와 첨가 음료에 관한 정보를 숙지하여, 제조할 수 있다.	①	②	③	④	⑤
	3. 나는 객실 서비스 규정에 따라, 다양한 와인에 관한 정보를 파악하여, 서비스 및 회수할 수 있다.	①	②	③	④	⑤
기내식 제공하기	1. 나는 객실 서비스 규정에 따라, 기내에서 제공되는 식사를 위한 세팅(Setting) 및 데우기(Heating) 등을 수행할 수 있다.	①	②	③	④	⑤
	2. 나는 특별서비스요청서(SSR: Special Service Request)에 따라 특별식을 확인 후, 서비스 및 회수할 수 있다.	①	②	③	④	⑤
	3. 나는 객실 서비스 규정에 따라, 승객 선호를 확인하여, 테이블 매너에 따른 기내식을 서비스 및 회수할 수 있다.	①	②	③	④	⑤
기내 오락물 제공하기	1. 나는 객실 서비스 규정에 따라, 기내에서 제공되는 오락물 상영을 위한 기내 시설물과 기물을 사용할 수 있다.	①	②	③	④	⑤
	2. 나는 객실 서비스 규정에 따라, 비행 중 서비스되는 상영물에 관한 종류와 내용을 고객에게 전달할 수 있다.	①	②	③	④	⑤
	3. 나는 객실 서비스 규정에 따라, 조명 및 객실상태를 점검하고, 오락물을 제공할 수 있다.	①	②	③	④	⑤
면세품 판매하기	1. 나는 객실 서비스 규정에 따라, 면세품 판매를 위한 기본적인 상품을 세팅하고, 판매할 수 있다.	①	②	③	④	⑤
	2. 나는 객실 서비스 규정에 따라, 국가별 면세품 구매 한도에 관한 정보를 전달할 수 있다.	①	②	③	④	⑤
	3. 나는 객실 서비스 규정에 따라, 면세품 판매 전·후 재고파악 및 인수인계를 위한 서류를 정리할 수 있다.	①	②	③	④	⑤
객실 상태 점검하기	1. 나는 객실 서비스 규정에 따라, 고객 서비스를 위해 객실 시설물을 수시로 점검하고, 조치를 할 수 있다.	①	②	③	④	⑤
	2. 나는 객실 서비스 규정에 따라 기내식 서비스 후 객실 통로 및 주변을 청결히 할 수 있다.	①	②	③	④	⑤
	3. 나는 객실 서비스 규정에 따라 승객의 쾌적한 여행을 위해 객실 내 온도 및 조명을 관리할 수 있다.	①	②	③	④	⑤

[진단결과]

진단 영역	문항 수	점수	점수 ÷ 문항 수
기내음료 제공하기	3		
기내식 제공하기	3		
기내 오락물 제공하기	3		
면세품 판매하기	3		
객실 상태 점검하기	3		
합계	15		

☞ 자신의 점수를 문항 수로 나눈 값이 '3점' 이하에 해당하는 영역은 업무를 성공적으로 수행하는 데 요구되는 능력이 부족한 것으로 교육훈련이나 개인학습을 통한 개발이 필요함.

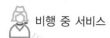
CONTENTS

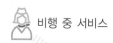 비행 중 서비스

CONTENTS

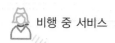
CONTENTS

비행 중 서비스

 능력 단위 정의
비행 중 서비스란 기내음료 제공, 기내식 제공, 기내 오락물 제공, 면세품 판매, 객실 상태 점검을 수행하는 능력이다.

 학습 목표
비행 중 서비스인 기내 음료 제공, 기내식 제공, 기내 오락물 세공, 면세품 판매, 객실 상태 점김을 수행할 수 있다.

선수 학습
서양식 음료 이론, 서비스 매너, 의사소통 능력(communication skill), 고객 심리 승객 탑승 전 준비

핵심 용어
기내 음료, 기내식, 기내 오락물, 기내 면세품, 객실, 객실 온도, 객실 조명, 갤리(주방), 화장실(lavatory)

기내식이란?

기내식이란?

01 기내식이란?(in-flight meal)

기내식(機內食)은 항공기 내에서 항공사가 제공하는 맛있는 식사 및 음료를 총칭한다. 항공 회사의 서비스의 일부로서 무료(항공운임의 일부) 혹은 유료로 기내에서 승객에게 제공되는 식사/음료를 가리키는데, 최초의 기내식은 1919년 런던 - 파리 노선을 운항하던 Handley Page Transport(주 사업은 항공기 개발, 제작이지만 이 당시에는 운송사업도 병행했다)가 1919년(10월 11일), 샌드위치와 과일 등으로 구성된 런치 박스를 기내에서 제공하면서 시작되었다. 당시 런치 박스는 무료가 아니었으며, 일인당 적지 않은 금액을 주고 구입해야 했다. 하지만 지금 형태의 기내식이 제공되기 시작한 것은 1936년이 되어서였다.

당시 유나이티드 에어라인은 항공기 안에 주방(Galley)을 설치해 음식을 제공하기 시작했다. 기내에서도 찬 음식이 아닌 따뜻하게 데워진 음식을 접할 수 있게 되었으며, 이를 시작으로 다른 항공사들도 기내 주방을 속속 도입하기 시작했다.

기내식 차원에서 승객과 운항승무원, 객실승무원 등이 항공기 내에서 취식하는 식사도 승객에게 제공되는 기내식과 똑같다. 하지만 운항의 특수성과 보안을 고려하여 운항승무원에게는 한 단계 진보된 보안 방식을 적용하는 것이 다를 뿐이며 기내에서 섭취하는 모든 것을 기내식이라 하지는 않는다. 특히 승객이 가지고온 도시락이나 김밥, 라면 등 승객이 항공기 안으로 반입한 음식은 기내 취식이 불가할 뿐만 아니라 기내식이라고 불리지 않는다.

기내식은 단거리 노선의 간단한 음료부터 중, 장거리 노선의 일등석/비즈니스/일반석에서 제공되는 코스 요리까지 종류가 매우 다양하며 주로 국제선에서만 제공되고 비행시간이 6시간 이내이면 1번, 6~12시간이면 2번, 12시간을 넘어가면 간식이 추가로 제공된다. 또한 기내식 메뉴는 서양식을 근본으로 하며 내국인 승객을 위한 한식, 일식, 중식을 서비스하고 건강, 종교 등의 이유로 특별식(Special Meal)을 신청하는 승객에게도 차별화된 기내식을 만들어 제공하고 있다. 모든 기내식은 노선 및 서비스 시점에 따라 다르며 다

양한 메뉴를 위해 3~4개월 주기로 메뉴가 변동된다. 현재 기내식 흐름은 저비용 항공사(Low Cost Carrier)가 출현하여 양분되고 있는 추세이다. 저비용 항공을 중심으로는 유료 기내식을 채택하는 항공사가 증가하는 반면, 퍼스트 클래스 등 고단가 항공요금 승객을 유치하기 위해 기내식을 고급화하는 대한항공, 아시아나항공 같은 프리미엄 항공사 역시 증가하고 있어 어느 흐름이 승객에게 어필할지 조금 더 시간이 필요하다는 생각이다.

02 국내 항공사(대한항공/아시아나항공)의 기내식 제조방법

대한항공은 비빔밥과 비빔국수로 기내식 분야의 오스카상이라고 하는 '머큐

아시아나항공의 스테이크

리상'에서 대상/금상을 각각 수상한 경력을 비롯해 다른 항공사나 항공관련 잡지 등에서 실시하는 기내식 평가에서 항상 상위에 들 만큼 최고의 품질과 서비스를 자랑한다. 2015년 5월 연휴 시기에 맞추어 대한항공 기내식 센터에서 만들어 낸 역대 최다 기내식은 하루 7만 6,113개이며 아시아나항공의 루프트한자 스카이셰프

코리아 역시 같은 날 3만 1,143석을 만들어 내는 등 지금까지의 신기록을 계속 갱신하고 있다. 대한항공이 생산하는 기내식은 싱가폴항공, 캐세이 퍼시픽 등 세계 31개 외국 항공사에도 제공되고 있으며 승객의 기호에 맞추어 통상적으로 3개월마다 한 번씩 기내식 메뉴를 교체하고 있다.

전체적으로는 승객들의 기호를 고려해 바꾸는데, 어떤 재료로 어떤 메뉴를 만들지 계획을 세우고 사내 품평회를 거친 후 대량 생산에 들어간다.

가령 양식 메뉴 중 스테이크를 예로 든다면 엄격한 검수 과정을 거쳐 보통 탑재 3일 전쯤에 식재료를 입고하고 입고한 고기의 핏기와 지방을 제거한 후 미리 맞추어진 무게 및 모양에 알맞게 자르는 등 사전 처리 작업을 하며 대형 오븐에 넣어 간을 조리한 다음에는 섭씨 100도 이상으로 조리된 음식을 90분 이내 5도 이하로 급속 냉장시키는 '블라스트 칠러(Blast Chiller)'라는 장비를 이용해

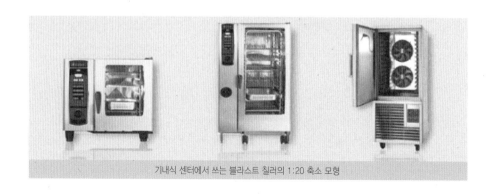
기내식 센터에서 쓰는 블라스트 칠러의 1:20 축소 모형

냉장시키는데, 이는 상
온에서 서서히 식힐 경
우 발생될 수 있는 미생
물의 번식을 막기 위한
조치이다.

기내식 및 기용품을
운반하여 항공기에
탑재하는 특장차 1

이렇게 조리를 끝낸
기내식은 개별포장을 거쳐 특수 냉장 차량으로 김포에서 인천 기내식 공장으로
운송하며, 그곳에서 항공사별 승객 수에 맞춰 용기에 스타치(Starch : 감자, 국수 등)류
와 함께 개별 포장함으로써 제조 공정을 마무리한다.

마지막으로 이들 기내식은 엄격한 보안장치를 통과한 후 특수 제작한 특장차
에 실어 출발 시간에 앞서 해당 항공기 내의 별도 공간(Galley)에 실어두고 객실승
무원에게 인계하며 비행기 출발 후 Galley에서 객실승무원이 승객의 입맛에 맞
도록 뜨겁게 데워 승객에게 최종적으로 제공하게 된다.

대한항공은 김포와 인천 두 곳에 기내식 센터를 운영하고 있는데 김포센터는
일반석의 더운 음식(Hot Meal)이나 제빵류의 대량 생산을 맡고, 최신의 자동화 설
비를 갖춘 인천센터는 일부 상위 클래스 기내식, 특별식, 추가 음식, 대부분의
찬 음식(Cold Meal), 후식류의 생산과 모든 기내식의 세팅, 탑재 및 하기 등의 역할
을 맡고 있다.

또한 아시아나항공은 인천 국제공항에 기내식 센터(LSG Catering)를 운영하고 있
으며, 타이항공, 루프트한자, ANA, KLM 등에 기내식을 제공하고 있다.

아시아나 항공
A380 비행기에
기내 식음료를
공급하는 모습

03 기내식의 칼로리

기내식은 비교적 고칼로리 식품으로 알려져 있다. 대한항공과 아시아나항공사의 비빔밥을 예로 들면 비빔밥의 총 칼로리는 700~800칼로리이며, 세부적으로 살펴보면 나물 300칼로리, 밥 400칼로리로 계산해 볼 수 있다.

소고기, 생선, 닭고기 기내식의 칼로리는 비빔밥보다 약간 적은 500~600칼로리 정도이며 일일 남자의 소요 칼로리는 2,500칼로리, 여자의 소요 칼로리는 2,000칼로리이다. 따라서 성인 남자 승객이 기내식으로 비빔밥을 선택하고 참기름과 고추장을 넣어 취식한 후 와인 2잔과 땅콩 2개 그리고 디저트로 나오는 떡까지 취식했다고 가정하면 거의 1,000칼로리를 섭취하게 되는 셈이며, 기내식으로 양식 소고기를 선택하고 와인 2잔, 땅콩 2봉지를 디저트와 함께 섭취하면 거의 800~900칼로리를 섭취한 것과 같다. 이어 간식으로 나오는 컵라면까지 한 개, 막걸리, 쌀빵까지 취식하면 상당한 양의 칼로리를 섭취하게 되는 셈이다.

따라서 아시아나항공은 항공기 내에서 제공되는 기내식의 칼로리를 사전에 고지하여 승객의 편의를 돕도록 하고 있다. 이와 같은 서비스를 통해 과열량 섭취에 민감한 승객이 메뉴판에 표시된 칼로리 정보를 통해 식사를 조절할 수 있으며 장시간 동안 움직임이 거의 없는 비행 중에 적절한 칼로리를 조절하며 여행할 수 있다.

04 기내식의 위생관리

모든 국내 항공사는 전문 식품연구센터를 통해 식재료에 대한 사전 위생 점검 및 품질을 보다 강화하는 등 기내에서 제공하는 기내식 품질을 세계 최고 수준으로 끌어올리고 있다.

기내식을 생산하는 케이터링(Catering) 센터에 들어가기 전에는 모든 작업자가 위생모와 위생덧신, 위생복을 입고 에어샤워(Air Shower)를 하며, 이는 위생구역에 들어가기 전 강력한 바람을 통해 우리 몸과 옷에 존재하는 오염물질을 털어버리는 과정이다. 기내식센터가 얼마나 철저하게 위생관리를 하는지 일단 방문을 해보면 몸소 체험할 수 있으니 독자들도 항공사에서 정기적으로 실시하는 케이터링 사업소 개방행사에 신청하여 위생상태를 눈으로 확인해 보길 바란다. 또한 기내식 세팅의 마지막 단계인 Dish-up Area에서도 머리카락 등이 노출되지 않도록 모든 직원들이 철저히 복장을 갖추고 위생작업에 신경을 쓰고 있다.

기내식을 위생적으로 관리하기 위해 설립된 '식품안전연구센터'는 식재료의 성분을 정밀하게 분석할 수 있는 유도결합 플라즈마 질량분석기 가스크로마토그래프 등 45종의 첨단장비를 완비하고 있다. 또한 석·박사급 전문인력이 항공사 기내식 안전 보증 업무를 비롯해 기내식 식재료 납품업체에 대한 현장 점검, 식품위해요소 중점관리기준(HACCP) 기술 교육, 식재료 미생물 분석 등의 중추역할을 담당하며 "식품안전연구센터의 목표는 대한항공 기내식은 물론 한진그룹, 인하학원에 납품되는 모든 식재료의 사전 위생점검을 담당함으로써, 대한항공과 한진그룹에서 서비스되는 식품의 품질을 완벽히 보장"하는 데 있다. 대한항공 최고경영층은 "식품안전연구센터가 식품 안전에 관한 세계 최고의 연구기관으로 발전할 수 있도록 지원할 계획"이라고 말했다. 또

기내식 사업소의 에어클린 소독장치

기내식 사업소 위생절차

한 식품안전연구센터가 2008년 5월 26일 식품의약품안전청(현 식품의약품안전처)으로부터 식품위생검사기관으로 지정됨에 따라 기내식 안전도를 국가가 신뢰하는 수준으로 높이게 됐다. 특히 이 센터는 3년 내에 국제공인 시험분석기관(KOLAS) 인증을 획득할 계획이어서 향후 대한항공 기내식 품질이 지속적으로 업그레이드될 것으로 기대하고 있다.

한편 국적 항공사로는 유일하게 자체 기내식 제조시설을 갖춘 대한항공은 지난 2000년 식약청으로부터 HACCP 적용업소 단체급식 부문 1호로 지정된 바 있다.

참고로 비행기 기내에서는 위생적인 면을 고려하여 샐러드 외 절대 날음식이 제공되지 않는다. 따라서 생선회와 육회는 볼 수 없는게 당연하고 채소도 수차례 소독과정을 거쳐야 기내로 반입이 허용되며, 출하와 운반과정을 거쳐야 하기 때문에 반드시 조리 후 급속냉장을 해서 세균이 번식할 틈을 주지 않는다. 또한 기내라는 제한된 공간은 일단 이륙하면 지상에서보다 기압이 약 20% 낮아지고 공기는 매우 건조해지며 뱃속에 가스가 차오르고 장거리 비행에 따른 운동 부족으로 소화도 잘 안 되고 소음과 낮은 기압 때문에 미각과 후각이 둔해지게 된다. 따라서 승객은 맵고 짠 자극성 음식에 둔감해지기 쉬우므로 지나치게 자극적인 음식을 섭취하지 않도록 기내식 제조 시 유의하여 생산하고 있다.

05 HACCP이란?

HACCP(Hazard Analysis and Critical Control Point)이란 "식품위해요소 중점관리기준"을 의미하며 식품가공·제조와 관련된 미생물적 위해요소를 공정단계별로 파악

하고 평가, 시정하는 조직적 시도와 이들을 효
과적으로 통제하는 수단으로 정의할 수 있으며,
미생물, 물리, 화학적(이물질, 독성물질 등) 위험에도
동일하게 적용하여 탁월한 효과를 보고 있다.
HACCP 시스템은 유해요소를 사전에 관리하여
유해예방에 중점을 둔 위생관리시스템이다. 현
재 국제항공협회에서도 안전하고 위생적인 항
공기내식의 제조를 위하여 HACCP 개념을 적용
한 위생관리 지침을 적용하고 있으며 기내식 제
조장소에서 일어날 수 있는 모든 유해요소를 살
펴보면 구매 및 검수, 저장, 해동, 전처리, 조리,
냉각, 재가열, 배식 등과 식기 세척과 소독 개인
위생 등으로 구분해 볼 수 있다.

HACCP (햇썹)이란?

HA 유해요소분석	**+**	**CCP** 중요관리점
원료와 공정에서 발생가능한 병원성 미생물 등 생물학적, 화학적, 물리적 위해요소 분석		위해요소를 예방, 제거 또는 허용수준 으로 감소시킬 수 있는 공정이나 단 계를 중점관리

Hazard Analysis Critical Control Point : 식품위해요소 중점관리기준

기내식 제조 공정별 중요관리점(CCP)

CCP 1	야채, 과일류 세척소독	염소수 50~100ppm에서 3~5분간 **침지**
CCP 2	가열조리 시 중심온도	육류 68℃ 가금류 74℃ 어패류 65℃ 이상
CCP 3	가열조리 후 냉각	4시간 이내 60℃ 이상에서 5℃ 이하로 냉각
CCP 4	먹는물 소독	염소수 소독농도 0.4ppm 이상
CCP 5	반제품 디시업	밀 온도 15℃ 이하로 디시업 완료
CCP 6	완제품 기내식 세팅	밀 온도 15℃ 이하로 셋팅 완료
CCP 7	완제품 기내식 탑재	Food car 출발 전 밀 온도 8℃ 이하 유지
CCP 8	기물 세척, 소독	최종 헹굼수 온도 82℃ 이상

항공사 기내식 사업소 건
물 내에서 흔히 볼 수 있
는 HACCP 문구

항공 케이터링의 HACCP 제도는 International Infight Food Service Associa-
tion, Internation Flight Caterring Association 등의 국제적 단체에서 미국, 유럽
과 같은 위생 선진국을 중심으로 기내식 제조의 위생을 관리하는 식품위생 전
문가들의 도움을 얻어 수립한 것으로 현재 전 세계의 기내식 업종에 활발히 보
급 중에 있다. 현재 대한항공과 아시아나항공의 기내식 및 음료는 HACCP 제도
를 완벽 적용하여 위생수준으로는 가히 세계 최고라 할 것이다.

06 기내식의 처리

항공편을 이용하는 즐거움 중의 하나가 기내
식이다. 물론 지상에서 즐기는 따끈따끈한 음식
과 비교할 수는 없지만, 지상 4만 피트에서 먹는
음식은 색다른 즐거움 중의 하나인 것이다. 더욱

아시아나항공사 기내식

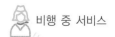

이 장시간 앉아서만 여행해야 하는 항공 여행에 있어서 기내식은 중요하다고 할 수 있다.

항공기에 탑재하는 기내식은 철저하게 탑승하는 승객 수에 의해 좌우된다. 항공사 기내식 업무 중에는 Meal Loss율이라는 것이 있는데, 이것은 '승객 수에 얼마만큼 정확하게 맞춰 기내식을 탑재하느냐' 하는 것이다. 즉, Meal Loss율이 높아지면 그만큼 승객에게 제공되지 않고 버려지는 음식이 많다는 얘기이다. 따라서 항공사에서는 비용 절감을 위해서 이 Meal Loss율을 낮추는 것이 중요한 활동 중의 하나라고 할 수 있다. 그럼 반대로 기내식이 모자라는 상태로 고객을 탑승객으로 탑승시킬 수 있을까? 1~2시간 정도 짧은 구간이라면 승객 동의하에 기내식 없이 탑승할 수도 있겠지만, 대부분의 경우는 기내식 없이 승객을 탑승시키진 않는다. 제공된 기내식을 먹기는 하지만 사람에 따라 기호에 맞지 않거나 개인적인 사정으로 인해 먹지 않는 경우도 많다. 특히, 퍼스트나 비즈니스 클래스의 경우는 일반석에 비해 훨씬 다양한 종류가 제공되기 때문에 남겨지는 음식의 양은 상대적으로 더 많다고 할 수 있다. 이렇게 남겨진 음식들은 과연 어떻게 처리될까? 정답은 대부분 사람들의 예상대로 폐기되는 것이 원칙이고, 실제로도 전량 폐기되고 있다.

대한민국의 음식물 처리에 관한 법률

[항공기 및 선박의 남은 음식물류 처리 및 관련]

법규에 의해 일단 Meal Tray에 탑재되었던 음식물은 하기 후 다시 항공기에 탑재할 수 없으며 소독 및 폐기물 관리법에 의해 폐기하여야 한다.

- 외국에서 들어오는 항공기 및 선박의 남은 음식물류 처리 및 관리방법 등에 관한 필요한 사항을 규정하여 공중위생에 기여한다.
- 남은 음식물류와 그 주변에 대하여 수거 즉시 소독(농림축산식품부장관 승인 소독약) 후 음식물 폐기는 법이 정한 절차에 따라야 한다.

따라서 법률 및 위생에 의거 일단 기내에 탑재한 모든 기내식 음료는 비록 아깝지만 항공기 도착 후 수거하여 전량 폐기하는 것을 원칙으로 하고 있다(사용하지 않은 캔류 및 주류, 맥주 등 제외).

07 기내식 운반 및 탑재

기내식 제조 사업소(Catering Center)에서 제조된 기내식은 냉장 특수 운반차량을 이용해 항공기까지 운반되며 조업하는 직원에 의해 기용품, 음료수, 기물과 함께 기내 Galley에 탑재되게 된다.

대한항공 기내식 및 기용품 운반 특수차량
– 서울에서 인천공항 가는 신공항 고속도로에서 자주 마주칠 수 있다.

아시아나항공기에 식음료를 공급하는 모습

08 기내식 인수인계 및 보안절차

일단 기내에 탑재될 기내식 포함 모든 기용품은 기내식 운반용 특장차에 탑재 완료된 후 아래와 같은 보안점검을 거쳐 기내에 탑재하게 된다.

☑ 음식 컨테이너와 부피가 큰 기내식 보급품은 기내식 감독자의 철저한 감독 하에 있는가? (처리과정에서 반입이 금지된 물품이 투입되는 것을 방지하기 위한 조치이다)

☑ 음식과 음료수 운반 Cart를 항공기로 옮기기 전에 기내식 감독자가 점검하여 반입 금지된 물품이 없는지 항상 확인하는가?

기내의 모든 식음료 탑재점검 완료 후 최종 서명하는 저자

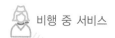
(테러 위협이 고조될 때에는 해당 노선에 봉인–Seal 등의 추가 조치 실시한다)

☑ 기내식 운반차량이 항공기로 이동 시 기내식 감독자에 의해서 지휘감독을 받고 있는가? (특별 요청이 있을 경우나 위협고조 상황에서는 공항보안 부서의 요원에 의해 적재과정 감시한다)

☑ 항공기 객실승무원은 기내식의 품목을 인수받기 전에 항공기에 탑재될 기내식 보관함의 봉인(seal)장치가 파손 및 훼손 되었는지 확인하는가?

항공기 출발 전 기내에서 탑재담당 직원과 객실담당 승무원 간의 인수인계 작업이 이루어지게 되며, 이때 객실승무원은 항공기 보안 및 안전 그리고 위생을 위해 봉인장치(Seal)점검에 들어가게 된다. 항공기 내에서 기내식의 점검 절차는 아래와 같다.

09 기내식 및 기용품 Seal Number Check 절차

인천 국제공항이나 김포 공항 항공기 출발 전 객실승무원은 기내식 Supervisor로부터 Check된 Seal 및 Seal Checklist를 인수받아 잔여 Seal Random Check(20% 무작위 샘플 추출) 실시하며 해외에서는 담당 지상직원으로부터 Seal Checklist(1부)를 인수받아 Seal Number Check 실시한다.

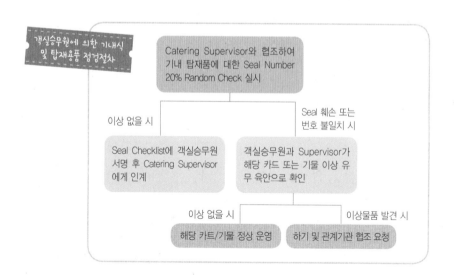

객실승무원에 의한 기내식 및 탑재용품 점검절차

- Catering Supervisor와 협조하여 기내 탑재품에 대한 Seal Number 20% Random Check 실시

이상 없을 시 → Seal Checklist에 객실승무원 서명 후 Catering Supervisor에게 인계

Seal 훼손 또는 번호 불일치 시 → 객실승무원과 Supervisor가 해당 카드 또는 기물 이상 유무 육안으로 확인

이상 없을 시 → 해당 카트/기물 정상 운영
이상물품 발견 시 → 하기 및 관계기관 협조 요청

☑ 기내 탑재품 Seal Number가 틀리거나 또는 훼손 시 처리절차

해당 카트 또는 Carry on Box를 객실승무원과 기내식 담당자가 상호 확인 후 이상이 없을 시 하기하지 않고 정상운영하나 이상물품이 지입되었음을 확인 시 하기 조치하고 관계기관에 연락하여 필요조치를 진행한다.

☑ SEAL이란?

기내 탑재되는 모든 기내식 Cart 및 기용품을 봉인하는 장치를 Seal이라 하며(항공사 별로 색상의 차이가 있다), KE 항공사에서는 빨간색 Red Seal은 주류 및 면세품, 파란색 Blue Seal은 서비스 기용품을 봉인한다. 예전에는 가는 철사와 플라스틱으로 만들어진 제품을 사용하여 개봉과정에서 승무원의 손가락을 찌르거나 의복을 훼손하는 등 불편하였으나 현재는 상당히 가벼운 플라스틱 재질로 되어 있으며 일단 한번 봉인되면 개봉이 절대 불가하여 파손 여부를 보고 점검하게 된다.

Seal

Seal 봉인된 모습

Seal 봉인해제된 모습

서양식의
이해

Chapter

02

서양식의
이해

 01 서양식의 특징

1) 코스요리 2) 화려한 식탁 3) 장식의 종합적 조화 4) 예술적 풍미를 꼽을 수 있으며 세계 3대 요리는 이탈리아/프랑스/중국 요리를 지칭한다. 프랑스는 풍부한 천혜자원과 자국국민의 프랑스 요리에 대한 관심과 애정, 이탈리아나 영국 등 이웃나라의 음식문화 장점을 흡수하여 맛, 향, 모양을 고려하는 요리법을 소유하고 있으며 현대 서양식을 대표하는 프랑스 요리는 16세기 이탈리아의 영향을 받았고 17세기 음식에 르네상스의 세련미를 갖추었으며 18세기 요리의 아버지인 마리 앙투앙 카렘이 요리법을 집대성하여 19세기 현재의 코스요리를 갖추게 되었다. 전통 서양식은 전형적인 코스요리로서 아래의 코스로 진행되게 된다.

 02 서양식 코스 순서 및 설명

 코스 요리 - 영미식

전채요리 > Soup > 샐러드

디저트 & 차 < 메인(스테이크) < 셔벗

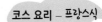

코스 요리 – 프랑스식

| 전채요리 | Soup | 셔벗 | 메인(스테이크) | 샐러드 | 디저트 & 차 |

 코스별 설명

Aperitif 식욕 촉진 위해 마시는 식전 음료(샴페인, 캄파리, 칵테일, 드라이 셰리)

Appetizer 양이 많지 않고 주요리와 중복되지 않아야 하며 짠맛, 신맛이 남(캐비어, 푸아그라, 훈제연어…).

Soup 식욕 돋우고 위벽 보호 목적(Clear Soup, Thick Soup이 있다)

Bread 음식 고유 맛 살리기 위하며 남은 맛을 씻어주는 역할, 디저트 코스까지 계속 제공한다.

Entree 주요리로 생선, 고기 요리 지칭한다.

Salad 가볍고 신선한 알칼리 식품으로 육식을 중화시키는 역할(4C를 중요시하며 4C란 Clean, Cool, Cripsy, Colorful을 말한다)

Cheese 단맛 전 코스로 사용, 소, 염소, 양의 젖을 응축한 식품(연성/반연성/경성/초경성 치즈)

Dessert 과일, 과자, 케이크와 같은 달고 향기 있는 재료로 구성

Coffee, Tea 단맛, 쓴맛, 떫은맛의 조화, 식사의 마지막에 마시는 음료

Liqueur 약초, 뿌리, 꽃을 이용 향미가 나도록 한 혼성주, 알코올 도수가 높고 단맛을 가진 음료

03 서양식의 구성

1 식사의 양   Light - Heavy - Light로 구성

2 식사의 맛   단맛이 적은 Dry에서 단맛이 많은 Sweet로 구성

③ 식사 제공   식사 흐름에 따른 코스별로 제공

04 서양식 메뉴의 종류

1 TABLE D' HOTE   따블르 도뜨(정식메뉴) : Full Course 메뉴로 일정한 순서대로 미리 짜여진 식단

2 A LA CARTE   알라 까르뜨(일품요리) : 고객이 먹고 싶은 것을 코스별로 특별히 주문하는 식단

③ SPECIAL MENU   CHEF'S RECOMMANDATION(주방장 추천요리) : 메인 주방장이 준비하여 추천하는 매일 새로 바뀌는 메뉴. 보통 'Today Special Menu'라고 한다.

05 테이블 매너

테이블 매너는 19세기 영국의 빅토리아 여왕 때 정립되었고 서양 요리를 맛있게 먹고 분위기를 즐기기 위해 제정되었다. 이번 장에서는 서양식 테이블 기본 매너를 정확히 알아보도록 하자.

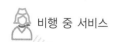

1. 레스토랑의 예약과 매너

☑ 예약(Reservation)

❶ 언제

- 유명한 레스토랑이라면 적어도 한 달 전에, 일반 레스토랑이라면 여유 있게 2주 전에 예약한다.
- 하루 전 예약을 재확인한다.
- 변경 및 취소해야 하는 상황이라면 반드시 전화를 걸어 이를 알린다. No Show는 금물!!

❷ 어떻게?

- 레스토랑이 바쁜 시간대(식사 시간대)를 피해서 전화하는 것도 매너이다.
- 예약 시 성명, 연락처, 날짜, 시간, 인원수 등의 정보를 알려준다.

❸ 복장 매너와 그 외 에티켓

- 예약 시에 드레스 코드를 묻고 그에 맞는 복장을 연출한다.
- 향이 강한 헤어 제품이나 향수는 뿌리지 않는다.
- 알람이나 스톱 워치 등이 달린 캐주얼 시계는 고급 레스토랑에는 어울리지 않는다.

☑ 입장(Entrance)

❶ 언제?

- 약속 시간 10분 정도 전에 미리 도착해 화장실에서 용무를 보거나 손을 씻고 들어간다. (식사 도중에 자리를 비우지 않도록!)

❷ 어떻게?

- 고급 레스토랑의 경우 입구에서 종업원이 자리를 안내해 줄 때까지 기다린다.
- 남성과 여성이 동행했을 경우, 여성이 먼저 들어가도록 권유한다.
- 비즈니스 관계에서는 남녀보다는 상사 혹은 주빈이 먼저 들어갈 수 있도록 한다.

- 안내해 주는 종업원이 없다면, 초대한 호스트, 혹은 남성이 먼저 들어가서 자리를 안내한다.

❸ **착석 시 주의점**

- 큰 가방이나 우산, 코트 등은 웨이터를 통해 클락 룸(Cloak Room)에 맡기도록 하고, 작은 핸드백은 의자에 앉은 후 등 뒤에 둔다.
- 휴대폰을 무음/진동으로 해 놓고, 테이블 위에 휴대폰을 올려놓지 않도록 한다.

2. 테이블 상석(Head of Table)

상석(The Seat of honor)

입구

- 안내받아서 처음에 의자를 빼 준 자리는 그 테이블의 가장 상석이 되기 때문에, 여성이나 윗사람, 초대 손님을 앉게 한다.
- 상석은 출구로부터 먼 곳의 중앙자리이다.
- 창가나 벽에 등을 댄 자리나 레스토랑 안이 잘 보이는 자리도 상석이 될 수 있다.
- 되도록이면 여성은 가장자리에 배치하지 않는 것이 좋다.
- 1번이 상석, 6번이 말석

다시 말하면 테이블의 상석은 레스토랑의 안내자가 권하는 자리로서 그 모임의 최고 연장자나 혹은 주인공을 위한 자리이다. 상석의 기준은 창 밖 경치, 그림이나 풍경 감상이 가능한 자리, 출입구에서 먼 자리, 여름인 경우 시원한 자리, 겨울인 경우 따뜻한 자리가 상석으로 취급된다.

3. 냅킨(Napkin)

❶ 냅킨(Napkin)

- 일행이 모두 착석한 후나 음식이 나오기 직전에 편다.
- 식사 전에 인사말이나 건배를 하는 경우에는 나중에 펴도록 한다.

❷ 냅킨 사용법

- 반으로 접어서 접힌 쪽을 몸 쪽으로 향하게 하여 무릎 위에 놓는다.
- 입가를 살짝 닦거나 핑거볼 이용 시 손 끝의 물기를 제거하는 용도로 사용한다.
- 식사 도중 자리를 비울 때는 냅킨을 접어 의자 위에 놓고, 식사를 마치고 자리에서 일어날 때는 접어 테이블 위에 놓는다.

- 냅킨은 무릎 위에 올려 놓고 사용하고 비행기나 열차, 선박처럼 흔들리는 곳에선 조끼나 셔츠의 단추구멍에 걸어 사용가능하다. 따라서 항공기에 탑재되는 냅킨은 전부 단추구멍에 걸 수 있도록 끝면 쪽에 절개된 구멍이 있다.

4. 테이블 세팅(Table Setting)

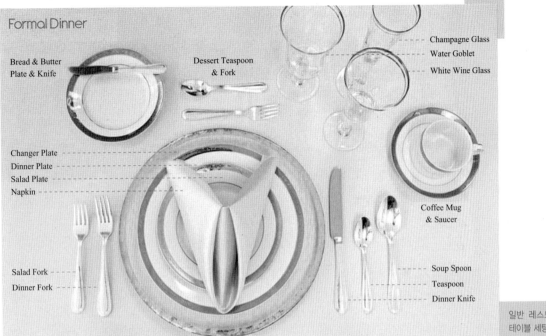

Formal Dinner

Bread & Butter Plate & Knife
Dessert Teaspoon & Fork
Champagne Glass
Water Goblet
White Wine Glass

Changer Plate
Dinner Plate
Salad Plate
Napkin
Coffee Mug & Saucer

Salad Fork
Dinner Fork
Soup Spoon
Teaspoon
Dinner Knife

일반 레스토랑의
테이블 세팅

테이블 세팅의 기본 원칙

- 식기는 바깥쪽에서부터 사용한다.
- 좌빵우물! (왼쪽의 빵 접시, 오른쪽의 물잔이 나의 것)
- 떨어뜨린 나이프나 포크는 줍지 않고 손을 들어 종업원에게 알린다.
- 와인 잔은 큰 잔이 레드 와인, 작은 잔이 화이트 와인용이다.

기내 일등석
테이블 세팅

식기별 용도

1. Red Wine용
2. White Wine용
3. 물잔
4. 디저트용
5. 빵 접시 & Butter Knife
6 & 13. 전채요리용
7 & 11. 생선용
8 & 10. 스테이크용
9. Service Plate & Napkin
12. Soup Spoon

5. 메뉴(Menu)

메뉴는 식사하는 장소에 모이기 전 일행과 미리 정한 것이 있더라도 서양식에서는 레스토랑 종업원이 제시하는 메뉴책자를 전체적으로 성의 있게 훑어보는 것도 주방에서 준비하는 사람과 서빙하는 사람에 대한 매너이다.

❶ 메뉴 보기 및 결정하기

- 메뉴는 천천히 보고 메뉴를 결정한 후에는 메뉴북을 덮어서 결정했음을 종업원에게 알린다.
- 초대받은 손님으로 주문할 경우에는 최저가와 최고가의 메뉴를 제외하고 선택한다.

❷ 메뉴 결정 시 피해야 하는 음식

- 먹기 불편한 음식
- 메인 메뉴로는 부적합한 음식
- 종교/문화상의 이유로 금하는 음식

6. 대화(Talk)

식사 중 대화할 경우 팔짱을 끼거나 턱을 괴는 행동, 음식을 입에 가득 넣은 채로 말하는 행동, 그리고 음식에 사용하는 포크, 나이프 등 기물을 손에 들고

사람이나 사물을 지칭하거나 흔들며 대화하지 않아야 하며 날씨, 취미, 재미있었던 추억 등을 주제로 시작하되 개인의 사생활, 정치, 종교의 이야기는 갈등을 유발하게 되므로 삼가는 것이 좋다.

7. 포크와 나이프 사용(Fork and Knife)

왼손에 포크, 오른손에 나이프를 들고 사용하며, 본인 앞 테이블에 여러 가지 포크와 나이프가 세팅되었을 경우에는 일반적으로 바깥쪽부터 준비된 것을 사용하면 된다. 식사 중에는 팔자(八)로 놓고, 식사가 끝났으면 4시 방향으로 가지런히 놓으면 치워가도 좋다는 신호이다.

식사 중

식사 마침

포크와 나이프 사용법

왼손에 포크, 오른손에 나이프
- **식사 중** : 포크와 나이프를 팔(八)자로 놓는다.
- **식사 후** : 포크와 나이프를 4시 방향으로 가지런히 모아 놓는다.

칼날은 항상 안 쪽으로 오도록 놓는다.

8. 핑거볼(Finger Bowl)

- 과일, 양갈비, 굴, 가재요리 등 손으로 먹는 음식 전, 후에 나온다.
- 한 손씩, 손가락 끝만을 살짝 씻은 후 냅킨에 눌러 닦는다.
- 사용하는 손가락 전체나 두 손을 동시에 담그는 행동은 삼간다.

핑거볼은 일반적으로 하얀 그릇에 레몬을 한 조각 넣어서 제공하기 때문에 음료수로 착각하지 않도록 하자.(일전 영국 왕실에서 엘리자베스 여왕이 국가정상 회담 초대한 아시아

국가 대통령과 함께 식사 중 아시아 국가 대통령이 핑거볼을 음료수로 착각하여 마신 경우가 있었다. 이에 초대한 주빈 영국 여왕도 손님이 당황할까봐 같이 마셨다는 일화도 있다)

9. 스푼(Spoon)과 수프(Soup)

❶ 수프(Soup)

- 식사 전 식욕을 돋우고 뒤따르는 음식의 소화를 도와주는 역할을 한다.
- 식사 시 알코올 섭취에 있어 위벽을 보호하는 기능도 있다.

❷ 수프 먹을 때의 매너

- 스푼은 펜을 쥐는 것처럼 손잡이 중간을 잡는다.
- 스푼 전체를 입 안에 넣는 것이 아니라 끝 부분을 입에 대고 자연스럽게 수프가 흘러 내리도록 기울여주기만 한다.
- 소리내지 않고, 뜨겁다고 후후 불어 먹지 않는다.

Tip

서양식에서의 수프는 마시는 것이 아니라 먹는다는 의미이며 뜨겁다고 후후 불거나 소리내어 먹지 않으며, 스푼을 사용하여 몸쪽에서 바깥쪽으로 떠먹고 다 먹었을 경우 Soup 스푼을 받침대 위에 놓으면 된다.

❸ 수프의 종류

- **콘소메(Consomme)** : 고기나 생선의 국물을 삶아 걸러 낸 맑은 국물 형태의 수프이다. 뜨겁거나 차갑게 제공된다.
- **뽀따쥬(Potage)** : 걸쭉하고 불투명한 수프이다. 호박, 감자, 콩 등 녹말질이 많은 채소를 걸러 만든 퓌레 수프, 시금치, 콜리플라워 등 녹말질이 적은 채소를 삶아 걸러서 달걀 노른자, 생크림, 밀가루, 버터 등을 넣어 만든 부르터 수프 등이 있다. 명칭은 보통 주재료에 의해서 붙여진다.

Consomme(Clear Soup)
맑은 수프

Potage(Thick Soup)
전분이 함유되어 걸쭉한 느낌

출처 : 두산백과

10. 와인잔(Wine Glass)

　서양식 테이블 세팅에서 와인잔은 일반적으로 큰 잔이 레드 와인잔, 작은 잔이 화이트 와인잔으로 표시되며 입술이 닿는 곳과 볼록한 몸통을 잡지 않고 손잡이(Stem) 부분을 가볍게 잡아야 한다. 또한 잔을 부딪칠 경우가 생기면 상대편 와인잔 내용물이 약간 흔들리는 정도로 부딪쳐야 하며 세게 밀거나 지나치게 큰소리가 날 정도로 부딪치는 것은 상대에 대한 실례이다.

Stem

11. 빵(Bread)과 버터(Butter)

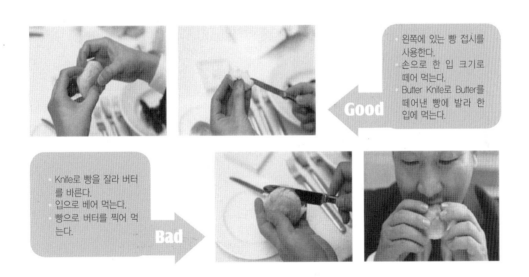

Good
- 왼쪽에 있는 빵 접시를 사용한다.
- 손으로 한 입 크기로 떼어 먹는다.
- Butter Knife로 Butter를 떼어낸 빵에 발라 한 입에 먹는다.

Bad
- Knife로 빵을 잘라 버터를 바른다.
- 입으로 베어 먹는다.
- 빵으로 버터를 찍어 먹는다.

　빵은 약알칼리성으로 서양식 코스 요리에서 음식 고유의 맛을 즐길 수 있도록 혀에 남은 이전 코스의 맛을 씻어주는 역할을 하기 때문에 처음부터 배부르도록 많이 섭취하지 않는다. 먹는 시점은 수프(Soup) 코스 다음부터 디저트 코스까지 계속해서 제공된다.

　자신이 앉은 자리에서 왼쪽 빵 접시가 본인 것이며 한꺼번에 입에 집어 넣거나, 나이프를 사용하여 자르지 않고 한 입 크기만큼 손으로 잘라 먹는다. 버터는 버터나이프를 이용해 자신의 접시로 옮긴 후 발라먹고 영화에 나오는 것처럼 빵을 우유나 수프에 적셔 먹지 않는 것이 원칙이다.

요즘은 빵에 버터 대신 올리브 오일을 찍어 먹는 경우도 많은데 이때에는 빵에 올리브 오일을 바르는 것이 아니라 빵을 손으로 잘라 올리브 오일에 살짝 찍어 먹는 것이 올바른 매너이다.

12. 주요리 중 생선요리(Fish Entree)

생선 요리 먹을 때의 매너

- 살 부분만 조리되어 있는 Fillet 스타일의 경우 생선용 나이프와 포크를 사용해서 먹는다.
- 가시째 나오는 생선은 머리와 꼬리를 먼저 잘라 접시 한 쪽에 모아두고 윗면 살을 발라 먹은 후에 생선을 뒤집지 말고 뼈를 그대로 들어내어 아랫면을 먹는다.
- 가시가 입에 있을 경우 손을 이용하기보다는 포크를 사용해서 받아내고 접시 한쪽에 놓는다.

레몬즙 내기

Wedge 스타일
오른손으로 레몬을 들고 즙을 내되, 왼손으로는 주위 사람에게 레몬즙이 튀지 않게 가린다.

Sliced 스타일
레몬을 생선 위에 올리고 knife로 눌러 즙을 낸다.

부연 설명하면 주요리 중 생선요리는 먼저 준비된 레몬을 가볍게 쥐고 레몬즙을 생선 위에 골고루 뿌린 후 머리쪽부터 순서대로 먹으며 생선을 뒤집지 않고 그대로 두고 뼈만 발라서 본인의 접시 가운데 적당한 곳으로 옮긴 후 다른 편을 취식한다. 생선을 뒤집지 않는 것은 서양이나 동양을 가리지 않는 세계 공통된 매너인 듯 하다.

13. 주요리 중 육류요리(Meat Entree)

❶ 스테이크 먹을 때의 매너

- 한번에 다 잘라놓지 말고, 먹을 때마다 조금씩 잘라 먹는다.
- 함께 나오는 소스는 주방장의 정성과 실력을 의미하기 때문에 먹어 보지도 않고 A1이나 타바스코 소스 같은 Ready-Made 소스를 주문하는 것은 실례이다.

❷ 양고기 먹을 때의 매너

- 보통 뼈 끝부분이 종이로 쌓여 있으므로 그 부분을 왼손으로 잡고 나이프를 이용하여 살코기를 미리 다 잘라내도 된다. 단, 뼈째로 손으로 들고 먹는 것은 삼간다.

주요리 중 육류요리 가운데 소고기 스테이크는 종업원이 익힘 정도를 주문받아 가며, 이때 익힘 정도는 웰던(Welldone-고기 속까지 완전히 익힘), 미디움(Medium-전체를 100으로 볼 때 약 56~70% 정도 익힘), 레어(Rare-고기 겉표면만 살짝 익힘)로 자신의 취향에 맞도록 작은 소리로 주문한다. 스테이크 요리는 뜨거운 스테이크 소스를 스테이크의 오른쪽 위에 뿌려 식지 않도록 하는 것이 서양식 테이블 매너이고, 양고기의 뼈 부분을 손으로 들고 먹는 것은 상대방의 불쾌한 시선을 받을 수 있으므로 삼간다.

육류요리에는 테이블 위에 준비된 소금, 후추를 사용할 수 있으며 손이 닿지 않는 곳에 위치해 있는 소금, 후추는 가까운 곳에 있는 상대방에게 양해를 구한 뒤 옮겨 달라고 하면 된다. 후추 사용 시 지나치게 큰 행동을 하여 상대방 음식이나 얼굴에 후추가루가 유입되지 않도록 조심스럽게 뿌리도록 한다.

여러 가지 서양식 요리 즐기는 방법

❶ **새우요리** 손을 사용하지 않고 머리를 포크로 고정하고 나이프를 사용하여 새우의 살과 껍질을 분리한 후 마요네즈나 크림소스와 함께 먹는 것이 서양식 매너이며 새우를 통째로 들고 입에 넣지 않는다.

❷ **달팽이 요리**(에스카르고) 달팽이 홀더를 이용하여 껍질을 누른 후 포크로 달팽이를 꺼낸다. 달팽이 안의 국물을 마셔도 좋다.

❸ **바다가재** 먼저 바다가재 전용포크와 함께 준비되며
- 집게발을 손으로 잡고 몸에서 뜯어내고 머리부분을 손으로 잡은 다음 뜯어낸다.
- 꼬리부분도 위로 꺾어 떼어낸 후 꼬리부분에서 전용포크를 이용하여 반대편으로 살을 밀어내어 꺼낸 후 먹는다.

❹ **구운 통감자** 포크와 나이프를 이용하여 포크로 감자를 누른 후 오른손 나이프로 중앙을 X자로 잘라내고 버터를 중앙에 집어넣어 녹인 후 껍질과 함께 먹는다. 감자의 속살만 먹으면 가슴이 막히는 경우가 있는데 감자의 껍질이 이러한 현상을 막아준다고 한다.

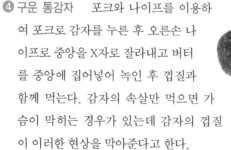

❺ **콩 요리** 빵조각을 이용하여 포크로 옮겨 떠먹거나 포크로 콩을 잘게 으깨어서 포크로 떠먹는다.

14. 샐러드(Salad)

24시간 내

기내 샐러드 구성

게비스랜드 : 유기농 샐러드용 야채를
공급하는 회사

4C : Clean! Cool! Crispy! Colorful!

① 샐러드

- 알칼리성 식품으로 육식을 중화하는 역할을 한다.

- 나라에 따라 샐러드가 주요리 전에 나오기도 하고, 주요리 후에 나오기
  도 한다(영국, 미국에서는 주요리 전에 제공되고 프랑스에서는 주요리 후 제공된다).

② 샐러드 먹을 때의 매너

- 포크로만 먹고 너무 크다고 느낄 때는 나이프가 아닌 포크 옆면을 사용
  한다.

- 두 가지 이상의 Dressing을 섞지 않는다.

샐러드 드레싱의 종류

[Oil Base]
- Vinaigrette
- Italian
- French
- Balsamic

[Mayonnaise Base]
- Caesar
- Ranch
- Blue Cheese
- Honey Mustard

샐러드는 알칼리성 식품으로 육식을 중화시키는 역할을 하고 고기와 같이 먹
거나 육류를 섭취한 후 먹으며 한 입에 먹기 힘든 것은 나이프를 이용하지만 되
도록이면 포크만 사용하는 것이 좋다. 큰 샐러드 용기에 담은 샐러드는 먹을 만
큼만 준비된 전용집게를 이용하여 덜어서 먹으며 한꺼번에 많은 양을 자신의
접시로 옮기거나 샐러드 전용집게를 너무 꽉 잡아 샐러드를 뭉개지게 하거나

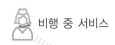
자신이 좋아하는 것만 골라먹는 행동을 하지 않아야 하며, 식탁에 흘리지 않도록 샐러드 볼(Salad Bowl)을 들고 천천히 옮겨 담도록 유의한다.

15. 치즈(Cheese)

치즈는 소, 양, 산양의 젖을 응축한 고영양 식품으로 레드 와인이나 화이트 와인과 함께 먹으면 치즈 고유의 깊은 풍미를 느낄 수 있다. 특히 디저트 코스 전에 먹으면 이전 코스인 육류의 맛을 제거할 수 있어 좋다. 치즈는 너무 딱딱해지거나 차게 되지 않도록 실온에서 보관하며 보통의 치즈는 삼각형으로 잘라 포크와 나이프를 이용해 먹고 부드러운 치즈는 빵에 발라 먹으며 딱딱한 치즈는 빵이나 비스킷에 올려 먹는다.

대표적 치즈의 종류

고다(Gouda) 치즈 (네덜란드)

에멘탈(Emmental) 치즈 (스위스)

블루(Blue) 치즈 (프랑스)

고르곤졸라(Gorgonzola) 치즈 (이탈리아)

스틸턴(Stilton) 치즈 (영국)

그뤼에르(Gruyere) 치즈 (스위스)

파마산(Parmigiano) 치즈 (이탈리아)

카망베르(Camembert) 치즈 (프랑스)

브리(Brie) 치즈 (프랑스)

모짜렐라(Mozzarella) 치즈 (이탈리아)

리코타(Ricotta) 치즈 (이탈리아)

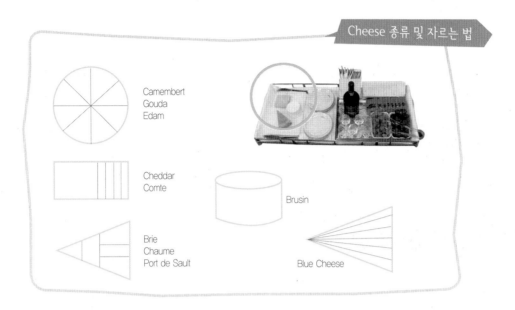

Cheese 종류 및 자르는 법

Camembert
Gouda
Edam

Cheddar
Comte

Brusin

Brie
Chaume
Port de Sault

Blue Cheese

16. 디저트(Dessert)

디저트는 식사의 마지막 부분으로 식사를 화려하게 장식해 주는 역할을 하고 있으며, 디저트의 재료나 양이 이전에 제공된 요리와 적절한 조화를 이루어야 한다. 특히 디저트를 까다롭게 고르는 사람은 음식의 맛을 안다고 할 정도로 서양식에서 디저트가 차지하는 부분이 크다.

먹는 방법은 무스(Mousse)/푸딩(Pudding)은 스푼을 이용하고 파이(Pie)는 포크 또는 스푼을 이용하며 아이스크림, 셔벗(Sherbet)은 포크, 스푼 또는 나이프를 이용한다. 디저트로 나온 음식들이 너무 맛있게 보인다고 지나치게 많이, 빠르게 먹거나 본인 것임을 표시하는 포크를 꽂아 두는 등의 행동은 하지 않는 것이 상식이다.

❶ 디저트

- 식사의 마지막 부분으로 식사를 화려하게 장식해 주는 역할을 한다.

❷ 생과일을 먹을 때의 매너

- 포크로 찍어서 입으로 베어먹는 것이 아니라 먹기 좋은 크기로 잘라서 한 입에 먹는 것이 좋다.
- 과일의 씨는 포크에 뱉어 접시 한쪽에 놓는다.

17. 커피와 홍차(Coffee & Black tea)

- **커피** 손잡이를 엄지와 검지, 중지로 가볍게 잡고 마신다. 격식 있는 테이블에서는 받침대를 들고 마시지 않으며 후후, 또는 후르륵 소리내어 마시지 않는다. 사용한 스푼은 사용 후 잔 뒤쪽에 놓는다.

- **홍차** 설탕을 넣은 뒤 레몬조각 또는 우유를 넣는다. 레몬은 마시기 전에 꺼내야 하며 서양식 테이블 매너에서 홍차 잔 손잡이의 방향은 오른쪽으로 향하여야 하나 영국에서는 손잡이를 왼쪽에 둔다. 영국에서는 양손 중 왼쪽은 찻잔 오른쪽은 비스킷을 들기 때문이다.

우리나라에서 커피나 차를 마실 때 티스푼으로 설탕과 프림을 넣고 저은 후 한 입 떠서 맛을 보는 사람이 많이 눈에 띄는데 티스푼은 사용 후 입에 넣지 않는 것이 매너이다.

 06 서양식 음주 매너

서양에서는 술을 마시지 않는다고 하여 글라스를 식탁 위에 엎어 놓는 것은 금기로 되어 있다. 그러므로 술을 마시지 않을 경우는 서빙하는 사람이 와인을 글라스에 따르려 할 때 "No, thank you."라고 하거나 손가락으로 술이 필요하지 않다는 신호를 서빙하는 사람에게 가볍게 하면 된다. 그러나 건배를 위한 샴페인의 경우 마시지 못해도 약간은 따르도록 하는 것이 예의이다.

한국에서는 상대가 술을 따를 때 술잔을 들어 올리는 습관이 있는데 서양에서는 술이나 물을 따를 때 글라스를 식탁에서 들어 올리지 않는다. 또한 와인이나 물을 글라스에 넘치도록 가득 따르지 않고 글라스의 7부(70%) 정도 따른다.

Table Manner Q & A

Q1 포크와 나이프를 떨어뜨렸을 때 직접 주워도 되는가? NO

나이프와 포크를 떨어뜨렸을 경우 당황하지 말고, 다음과 같은 요령으로 행동하면 된다. 종업원에게 가볍게 손을 들어 알린다(이때 '종업원!, 웨이터!, Hello!, 여기요!' 등 큰소리로 부르지 않고 손만 든다). 종업원이 오면 "나이프를 떨어뜨렸습니다. 바꾸어 주시겠어요?"라고 정중히 부탁하고 새 것으로 가져오면 고맙다는 인사를 한다.

Q2 이쑤시개를 써도 되는가? NO

식사가 끝나자마자 이쑤시개를 찾는 사람이 있는데, 서양에서는 정식 만찬 때 이쑤시개를 놓지 않는다. 따라서 손님들도 테이블에서 이쑤시개를 요구하는 것은 매너가 아니다. 이쑤시개가 테이블에 준비되어 있는 경우라도 테이블에서는 사용하지 않는 것이 좋다. 이쑤시개가 없다고 치아 사이에 낀 음식물을 빼려고 쩝~쏩~소리 내는 것은 금물!

Q3 테이블에서 립스틱 정도는 발라도 되나? NO

식후 또는 식사 중에 립스틱을 꺼내 테이블에서 바르거나 화장을 하는 것은 매너에 어긋난다. 참고로 만찬이나 레스토랑 등 식사가 예정되어 있을 때는 립스틱은 연하게 바르는 것이 좋다. 진한 색상의 립스틱은 물잔이나 와인잔에 자국이 남을 수 있기에 피해야 한다.

Q4 왼손잡이는 포크와 나이프를 바꿔서 들어도 되나? YES

가능하다. 기본적으로 포크는 왼손, 나이프는 오른손에 드는 것이 정석이다. 하지만 아무리 노력해도 잘 되지 않아, 오히려 식사하기가 너무 불편하고 오히려 방해가 된다면 즐거운 식사를 위해서 바꿔 들어도 된다. 단, 기본 세팅의 위치를 바꾸지는 않고 코스마다 바꿔 들면 된다. 이럴 경우에는 왼손으로 나이프를 사용하면서 옆 사람의 오른손과 부딪혀 불편함을 끼치지 않도록 되도록 테이블의 가장자리 끝 자리에 앉는 것이 좋다. 만약 원형 테이블이라면 옆 사람과 부딪히지 않도록 좀 더 신경을 써주면 어떨까?

Q5 수프나 소스에 빵을 찍어 먹어도 되는가? NO

간혹 수프에 빵을 적셔 먹거나 Main Dish와 함께 나온 소스에 빵을 찍어 먹는 사람을 보게 되는데, 테이블 매너에 어긋나는 것이라고 할 수는 없다. 하지만 격식을 갖춰야 하는 자리에서는 세련된 매너로 보이지 않기 때문에 가급적 삼갈 것을 권장한다.

Q6 손잡이가 있는 수프 그릇은 들고 먹어도 되는가? YES

손잡이가 있을 경우는 스푼을 사용하지 않고 손으로 들고 마시듯 먹어도 무방하다. 하지만 세련되어 보이지 않아 권장하지는 않는다. 참고로 한 손으로 그릇을 들고 한 손으로 스푼을 들고 떠 먹는 것은 안 된다. 스푼을 놓고 손으로 들고 마시듯이 먹거나, 그릇을 테이블에 두고 스푼으로 떠먹거나 둘 중 하나의 방식으로 하면 된다.

Q7 칼을 사용해도 되는 빵이 있는가? YES

프렌치 토스트나 잼을 바른 빵은 나이프로 한 입 크기로 잘라 먹어도 된다. 하지만 그 외의 빵은 나이프로 자르는 것이 아니라 손으로 한 입 크기만큼 떼어 먹어야 한다.

Q8 뷔페를 먹을 때 지켜야 하는 매너는 무엇인가?

뷔페를 먹을 때에도 되도록이면 전채 – 샐러드 – 주요리 – 디저트 순서로 먹는 것이 좋다.
음식을 담으면서 맛을 보거나 접시에 담았다가 다시 내려놓지 않는다.
접시보다 넘치게 음식을 담지 않으며 같은 집게로 여러 음식을 담지 않는다.
뷔페 식사를 마치고 떠날 때 테이블 위도 정리정돈한다.

기내 음료
(Beverage)
제공하기
(Ⅰ)
알코올성 음료와
비 알코올성 음료

기내 음료 (Beverage) 제공하기 (Ⅰ)

● 객실 서비스 규정에 따라, 비알콜 음료(Cold Beverage, Hot Beverage)에 관한 정보를 승객에게 전달할 수 있다.

● 객실 서비스 규정에 따라, 다양한 칵테일 제조에 필요한 술의 종류와 첨가 음료에 관한 정보를 숙지하여, 제조할 수 있다.

● 객실 서비스 규정에 따라, 다양한 와인에 관한 정보를 파악하여, 서비스 및 회수할 수 있다.

 음료(Beverage)의 정의

음료란 알코올 음료와 비알코올 음료를 모두 총칭하며 비알코올성 음료는 주스류와 청량음료류, 커피나 차와 같은 기호음료를 포함한다. 이제부터 기내 알코올 음료와 비알코올 음료에 대해 알아보기로 하자.

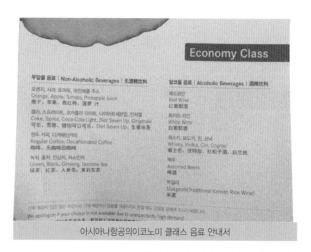

아시아나항공의 이코노미 클래스 음료 안내서

출처 : 이인희(2012), 기내서비스 지상운영, 백산

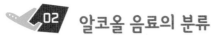

02 알코올 음료의 분류

술(Liquor)이란 앞에서 언급한 알코올 음료(Alcoholic drink)를 말한다. 술의 재료로는 주로 곡물과 과일을 사용하며, 그 제조방법에 따라 분류하면 발효주(양조주), 증류주, 혼합주(Mixed Drink), 혼성주(Liqueur)로 구분되며 서양에서는 식사 전에 마시는 위스키, 식사 중에 마시는 포도주, 식사 후에 마시는 브랜디와 리큐어, 그리고 식사 전과 식사 후에 마시는 칵테일이 모두 발달되어 있다.

1. 제조방법에 의한 분류

(1) 발효주(Fermented liquor): 양조주(Brewed Liquor)

곡물이나 과일을 효모라는 미생물의 작용에 의해 발효(Ferment)한 술로서 양조주(Brewed Liquor)라고도 한다. 맛이 부드럽고 영양칼로리를 함유하고 있는 것이 특징이다. 대체로 알코올 도수가 낮으며 일반적으로 칵테일을 하지 않는다. 보통 맥주가 3~8%, 와인은 8~14%밖에 되지 않으며, 맥주에서의 발효는 양조(Brew)라는 용어를 주로 사용한다. 발효주는 미생물이 들어 있어 보관할 때 주의가 필요하며 알코올 농도가 어느 정도 높아지면 효모 자체의 생육도 방해를 받아 알코올 농도는 일정 농도 이상 높아지지 않는 경향이 있다.

발효주 – 일반석 장거리 대표적 와인

(2) 증류주(Distilled liquor, sprituous liquor, Intoxicating liquor)

증류주란 양조주를 증류한 고농도 알코올을 함유한 강한 술이다. 곡물로 만든 양조주를 증류하면 위스키, 진, 보드카 등이 되고, 와인을 증류하면 브랜디(Brandy)가 된다.

브랜디와 브랜디잔

증류주는 중세 연금사들이 양조주를 끓여보다가 발견한 술이어서 "Spirits"라고도 부르게 되었으며 현대에서는 실제로 양조주를 증류하지 않고 주정의 단계를 거쳐 바로 증류주를 만든다. 양주에서의 증류주는 위스키와 브랜디가 대표적이다.

기내 일반석에서 제공되는 위스키와 브랜디, 진, 보드카

(3) 혼합주(혼성주, Mixed drink) : **칵테일**(Cocktail)

알코올 음료에 다른 성분의 알코올 또는 일반 음료를 섞어 만든 술로서 칵테일을 지칭하기도 한다. 혼합주 중에서도 특히, 알코올분에 약초, 향료, 과즙, 당분 등을 첨가해서 만든 술(리큐어)은 혼성주(Compounded liquor)라고 하며 남성, 여성들에 의해 식전, 식중, 식후주로서 많이 즐긴다.

KE A380 PR 클래스 기내에서 제공되는 칵테일

항공기 일반석에 탑재되는 Miniature 주류의 종류(왼편부터 코냑, 그랜츠위스키, 시바스리갈 위스키, 글랜리빗 위스키, 잭다니엘 위스키, 앱솔루트 보드카, 비피터 진, 바카디 럼)

2. 마시는 시점에 의한 분류

❶ 식전주(Aperitif)　식사 전 타액과 위액의 분비를 촉진하여 식욕을 돋우는 효과가 있으며 소화를 촉진시키는 식후주와 정반대의 개념이다.(셰리(Sherry), 베르무트(Vermouth), 칵테일, 샴페인, 맥주)

❷ 식중주(Meal with drink)　주요리 입맛을 새롭게 하고 소화를 도와주는 역할을 한다. 주로 맥주와 와인을 사용한다.(화이트 와인, 레드 와인, 로제 와인, 보졸레누보 와인 모두 사용)

❸ 식후주(Digestif)　식사 후 소화를 촉진하는 역할을 하며 브랜디, 리큐어(Liqueur)를 말한다. 디저트 코스에서 커피, 차 코스까지 마시며 기내 와인 증류주의 일종인 샌드맨과 브랜디, 식후주로 사용되고, 용어설명과 종류는 아래와 같다.

❹ 브랜디(Brandy)　와인을 증류하여 알코올 성분을 강화하게 만든 알코올 음료, 브랜디 전용잔을 한 손으로 감싸 쥔 뒤 체온으로 데우고 가볍게 흔들어 색, 향, 맛을 즐긴다.(샌드맨(Sandman) : 와인을 증류하여 단맛과 알코올 도수를 강화한 와인 알코올 도수 19% - 원산지는 포르투칼이다)

기내 중거리 일반석 대표적 와인

기내 식후주로 많이 즐기는 샌드맨

　● **사용법** : 식사 후 리큐어 글라스에 따라서 마신다.

✈️ 03 기내 탑재 리큐어(Liqueur)

보통 독한 증류 알코올인 브랜디에 여러 가지 약초를 넣거나 식물의 뿌리, 씨앗, 꽃을 용해하여 향미가 나도록 한 혼성주로서 설탕 시럽을 전체 양의 2.5% 이상 넣어서 만든다. 전매특허 상표를 가진 리큐어는 대부분이 독특한 비법으로 만들어지는데, 주로 개인 생산업자가 만들어 등록된 상표를 붙여서 판매한다. 프랑스의 전매특허 상표들 가운데 '베네딕틴'은 1510년에 생산되기 시작한 식물 리큐어로서 지금까지 제조법의 비밀이 철저하게 지켜져 왔다. 영국산 리큐어 가운데 스카치 위스키에 꿀로 향기를 낸 '드램부이'는 1745년 스코틀랜드에 도입된 프랑스 제조법으로 만들어진다. 멕시코에서 생산되는 '칼루아'와 럼주로 만드는 자메이카산 '티아마리아'는 커피 향기가 난다. 달콤하고 소화를 촉진하는 성분이 들어 있는 리큐어는 정찬 후에 마시는 음료로 인기가 있다.

> **기내에 탑재되는 리큐어 종류**
> - 마티니(Martini)
> - 베네딕틴(Benedictine)
> - 꼬엥트로(Cointreau)
> - 끄렘드망뜨(Creame de ment)
> - 드랑뷔(Drambuie)
> - 그랑마니에르(Grand marnier)
> - 끄렘드까시스(Creme de Cassis)

(1) 마티니(Martini)

진(Gin)에 베르무트(Vermouth)를 섞은 후 올리브로 장식한 무색 투명한 칵테일이다. 냄새는 향긋하지만 강한 쓴맛이 난다.

- **사용법** : 각종 음료를 섞어 칵테일로 만들어 마신다.

(2) 끄렘드망뜨(Creme de menthe)

시원한 여름 민트 또는 박하향을 맛보는 것 같은 맑거나 초록색의 술 종류이다. 불어로 Menthe는 "박하(Mint)"의 뜻이며, Menthe Green(망뜨 그린)은 "박하 향미의 녹색 Liqueur"를 말한다.

- **사용법** : 박하향이 나며 그냥 마시거나 칵테일 제조로 사용된다.

(3) 베일리스(Baileys)

아이리시 위스키(Irish Whiskey)와 크림으로 만들며, 초콜릿과 바닐라를 첨가하여 만든 세계 최초의 크림 리큐르로 특유의 부드러운 맛이 돋보이는 한편 알코올 도수가 17%나 되는 독한 술이기도 하다.

- **사용법** : Baileys는 Irish Cream과 위스키(Whisky) 그리고

자연향이 결합되어 달콤하면서도 부드러운 맛으로 로맨틱한 알코올 음료로
얼음과 함께 On the Rock로 쉽게 마실 수 있으며 커피와 믹스해서도 마신다.

(4) 꼬엥트로(Cointreau)

꼬앵트로(cointreau)는 오렌지 껍질로 만든 무색의 프랑스산 리큐어
로서 도수는 40%(proof 80)이다. 꼬엥트로는 일명 오렌지술이라고
도 하는데, 화이트 큐라소(white curacao) 중에서는 최고급품으로 단
맛이 강하며 부드러운 맛과 향 때문에 케이크나 디저트를 만들
때 널리 이용되고 있다. 1849년 아돌프 꼬엥트로(Adolphe Cointreau)
에 의해 프랑스에서 만들기 시작하였다.

- **사용법** : 투명하나 오렌지 향이 나며 리큐어 글라스에 따라서 마시거나 칵
  테일 제조에 사용

(5) 캄파리(Campari)

1860년, 밀라노 시에서 가스팔레 캄파리가 비텔 아르소 드랑디아(네덜란드풍 쓴
술)로서 창제. 아들인 다비프레이즈 대에 캄파리로 개명. 비타 오렌지, 캐라웨
이, 코리안더, 용담의 뿌리 등을 배합해서 만든다.

- **사용법** : 주로 소다수와 함께 섞어 마시거나 칵테일 제조용으로 사용된다.

(6) 끄렘드까시스(Creme de Cassis)

끄렘드까시스를 만드는 Black Current(요즘 국내에 항산화 물질이 많이 포함되어 있다 하여 유행인 블랙커런트, 까막까치주먹밥)

16세기경 프랑스의 성직자들
에 의해 최초로 만들어졌으며 까
시스(Cassis)는 프랑스어로, 영어로
는 Black Currant(블랙커런트-까막까치주
먹밥)라고 한다. 끄렘드까시스는 와인에 까막까치주먹밥 열매
를 숙성시켜서 만든 것이다.

- **사용법** : 오렌지 주스에 타서 마시면 색깔이 참 이쁘다.

04 와인의 이해

(1) 와인의 분류

색깔에 따른 분류

♪ 레드 와인(Red Wine)

적포도의 껍질(skin), 알맹이(Seed), 씨(pip)를 한꺼번에 으깨 과즙을 내어 껍질에 들어 있는 붉은 색소와 타닌(tannin)까지 함께 발효시킨다.

• 마시기 적당한 온도 : 12~18도

♪ 화이트 와인(White Wine)

청포도와 과즙을 저온 발효하거나, 드물기는 하지만 적포도의 붉은 껍질을 제거하고 알맹이만 압착하여 발효시킨다.

• 마시기 적당한 온도 : 8~12도

♪ 로제 와인(Rose Wine)

적포도를 으깨어 색이 우러나는 시점에 껍질을 제거하거나, 발효 전의 화이트 와인을 레드와인 포도즙에 잠시 머물게 해 색을 얻는 방법으로 만든 핑크빛 와인이다.

• 맛은 화이트 와인에 가깝고 보존기간이 짧아 오래 숙성하지 않고 마시는 것이 특징이다.

• 마시기 적당한 온도 : 6~9도

♪ 주정 강화 와인(Fortified Wine)

일반 와인에 알코올이나 브랜드 원액을 첨가하여 알코올 도수를 높인(17~22도) 와인이다.

• 마시기 적당한 온도 : 레드(12~18도), 화이트(8~12도)
• 나라별 대표 주정 강화 와인명 – 스페인 : 셰리(Sherry), 포르투갈 : 포트(port), 이탈리아 : 마르살라(Marsala)

♪ 발포성 와인(Sparkling Wine, Champagne)

발효가 끝난 와인을 병입(bottling)한 후 설탕 같은 당분과 효모를 첨가해 병 안에서 2차 발효를 일으켜 탄산가스가 와인 속에 용해되도록 만든 와인이다.

원칙적으로 프랑스 상빠뉴(Champagne) 지방에서 생산하는 발포성 와인만 '샴페인(Champagne)'이라 칭할 수 있다.

양조방법에 따른 분류

• 발포성 와인의 나라별 명칭 – 이탈리아 :스뿌만테(Spumante), 스페인 : 까바(Cava), 독일 : 젝트(Sekt), 영어권 : Sparkling Wine
• 마시기 적당한 온도 : 6~9도
• 발포성이 아닌 일반 와인의 총칭은 **스틸 와인(Still Wine)**이라 한다.

기타

🍷 아이스 와인(Ice Wine)

- 서리나 눈을 맞아 얼은 포도(당도가 높아짐)를 압착하여 만든 와인이다.
- 독일에서 처음으로 만들어졌으며 '아이스바인(Eiswein)'으로 부르고, 캐나다로 건너가면서 상업화 및 대중화가 이루어졌다.
- 당도가 높아 디저트용 와인으로 적합하다.
- 마시기 적당한 온도 : 5~7도

🍷 브랜디(Brandy, Cognac)

화이트 와인을 증류하여 얻은 증류주를 오크(Oak)통에서 숙성하여 만든다.

- 브랜디를 대표하는 '코냑(Cognac)'은 샴페인 명칭과 마찬가지로 프랑스 코냑(Cognac) 지방에서 생산된 브랜디만을 코냑이라 칭한다.
- 마시기 적당한 온도 : 상온
  (잔을 손으로 감싸 체온으로 덥혀 마시기도 함)

(2) 와인을 만드는 포도의 종류

레드와인

🍇 까베르네 쏘비뇽(Carbernet Sauvignon)

레드 와인의 대표 품종이다.
껍질이 두껍고 타닌 성분이 많아 진하고 묵직한 남성적인 맛을 내며, 장기 숙성이 가능하다.

🍇 메를로(Merlot)

중간 정도의 타닌과 과일 향을 가지고 있어 부드럽고 온화한 여성적 맛을 가진 품종이다.

🍇 삐노 누아(Pinot Noir)

껍질이 얇고 타닌이 적어 빛깔이 연하며, 부드럽고 섬세한 여성적 맛을 지니고 있다.

🍇 씨라/쉬라즈(Syrah/Shiaz)

까베르네 쏘비뇽과 마찬가지로 타닌이 많은 편으로 묵직하고 중후한 빛깔과 맛이 난다.

- **기타 중요 품종**
  까베르네 프랑(Carbernet Franc), 말벡(Malbec), 가메(Gamay), 진판델(Zinfandel), 산지오베제(Sangiovese)

화이트 와인

샤르도네(Chardonnay)

화이트 와인의 대표 품종이다.
다른 화이트 품종에 비해 와인 빛깔이 황금색을 띠며, 중후하면서도 부드럽고, 과일 향이 풍부한 여성적인 맛이 특징이다.

쏘비뇽 블랑(Sauvignon Blanc)

다른 화이트 와인 품종에 비해 와인 빛깔이 연하며 신선하고 상큼, 깔끔한 맛이 특징이다.

리즐링(Riesling)

기후와 지역의 특성에 따라 와인의 스타일이 달라지는 품종으로 독일에서는 스위트 와인을, 호주와 프랑스 알자스 지방에서는 상큼하고 드라이한 맛의 와인이 생산된다.

쎄미용(Semillon)

다른 품종과 혼합하여 와인을 생산하는 데 사용되며 단일 품종으로는 늦수확으로 당도를 높여 스위트 와인을 생산한다.

• **기타 중요 품종**

게뷔르츠트라미너(Gewurztraminer), 삐노 그리(Pinot Gris), 모스카또(Moscat), 슈냉 블랑(Chenin Blanc) 등

(3) 와인병 라벨(Lable) 읽는 법

구대륙 와인 Label(프랑스, 이탈리아, 스페인, 독일 등)

포도 품종의 Label 표기 형식

와인 등급

– 포도의 품종을 표기하지 않는 것이 일반적임
– 와인 등급, 생산 지역을 중요시 여긴다.

• 구대륙에서는 처음 와인이 생산된 것이 판매를 위해서라기보다는 자체 소비를 위해 생산되었기 때문에 자기 지역에 가장 잘 맞는 포도 품종으로 와인을 생산해내기 시작했고, 자연스럽게 지역만 알면 품종에 대해서는 알 수 있었으므로 굳이 라벨에 품종을 표기하지 않았다.

🍇 신대륙 와인 Label(미국, 칠레, 호주, 뉴질랜드, 남아프리카 공화국 등)

– 와인을 만든 주된 포도 품종을 표기한다.
• 신대륙은 구대륙에서 와인에 대해 배워온 생산자들이 새로운 지역에 어울릴 만한 포도를 재배하여 생산하기 때문에 소비자에게 정확한 정보를 제공한다는 차원으로 생산 지역과 포도 품종을 표기하고 있다.

출처 : 쉽고 재미있는 와인 이야기

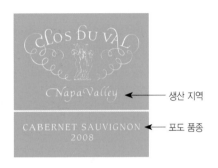

생산 지역

포도 품종

와인 Label 읽는 법 (프랑스)

프랑스 보르도 지방의 고급 와인임을 의미

빈티지(Vintage) : 생산 연도 = 포도 수확 연도

와인 명

와인 품질 등급*
원산지(지역) 명
메독(MEDOC) 지역의 와인 생산 기준을 지켜 제조됨을 의미

와인 제조 업체명

와인 제조 업체에서 직접 병입(入)함을 의미

생산국(프랑스)

알코올 도수

* 1855년 포도주 등급 분류법(AOC)이 처음으로 만들어진 이후 1900년대 보르도 포도주 분류법은 보르도 포도주들의 품질 향상을 반영하지 못한다는 MEDOC(보르도의 유명한 포도주 생산지) 지역의 포도주 생산자들과 산업 종사자들이 의견을 모아 1923년 새로운 크뤼 브르주아(Cru Bourgeois)라는 분류법을 제안하였으며, 2번의 경연대회를 통해 2003년 최종적으로 순위가 갱신된 와인 품질(등급) 표시이다. [출처 : 위키백과]

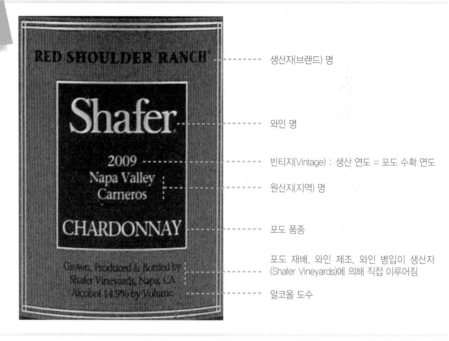

와인 Label 읽는 법 (미국)

생산자(브랜드) 명

와인 명

빈티지(Vintage) : 생산 연도 = 포도 수확 연도

원산지(지역) 명

포도 품종

포도 재배, 와인 제조, 와인 병입이 생산자 (Shafer Vineyards)에 의해 직접 이루어짐

알코올 도수

(4) 와인 보관방법

🎵 10~16도 사이에 서늘하면서 진동이 없는 곳이 적당

- 베란다와 같이 계절에 따라 외부 기온에 따라 온도 변화가 있는 곳, 냉장고와 같이 음식 냄새가 나는 곳은 적절치 않다.
- 서늘한 온도라 하더라도 문을 열고 닫으며 흔들림이 많은 일반 냉장고의 문에 보관하는 것은 바람직하지 않다.

🎵 습한 곳에 눕혀서 보관
- 너무 건조한 환경이나 세워서 보관할 경우 병 입구의 코르크가 말라 공기가 들어가며 산화가 이루어진다.

🎵 어두운 곳에 보관
- 와인 전용 냉장고가 없을 경우 뚜껑이 있는 상자에 담거나 신문지 등으로 병을 감싸 빛을 차단해 주는 것도 좋은 방법이다.

● **와인을 차 트렁크 속에**
- 차 트렁크는 덜컹거리는 움직임이 심하고 온도도 급격하게 올라가는 장소이므로 와인을 보관하기에 매우 부적절한 공간이다. 더운 여름날은 몇 분 만에 와인이 끓어 넘치기도 하니 특별히 유의한다.

(5) 와인과 어울리는 음식 및 와인 마시는 법

Red Wine
▶ Steak
▶ Baby Back Rip
▶ Ram
▶ Chicken
▶ Duck
▶ Ham/Sausage
▶ Pasta/Pizza
▶ Mushroom

White Wine
▶ Lovster
▶ Crab
▶ Salmon
▶ Prawn
▶ Scallop
▶ Oyster
▶ Salad

Tip

양념, 소스가 강하고 진한 육류 요리 향이 진하고 무게감 있는 Red 오일 : Cabernet Sauvignon, Syrah, Malbec

양념, 소스가 약하고 부드러운 풍미의 육류 요리 향과 무게감이 가벼운 Red 와인 : Merlot, Pinot, Noir, Gamay

개운하고 가벼운 풍미의 해산물 상큼하고 개운한 White 와인 : Chardonnay, Sauvignon Blanc

달콤한 디저트(케이크, 초콜릿), 짠 음식 달콤한 Sweet 와인 : Ice wine

여러 종류의 음식을 따로 주문하여 와인을 정하기 어려울 때 중간 정도 무게감 있는 Red wine : Merlot

Tip

해산물의 경우 기본적으로 White 와인이 잘 어울리지만 기름이나 버터를 이용해 기름지게 조리하였거나 양념, 소스가 강한 맛을 내는 요리일 경우는 가벼운(Light Body) Red 와인도 잘 어울린다.

호스트 테이스팅 (Host Tasting)

🍷 초대한 사람 또는 와인을 주문한 사람이 와인을 미리 시음하여 이상 여부를 확인하는 절차

와인 명
포도 품종
빈티지

Tip

* 스월링(Swirling) 와인이 든 잔을 돌리는 것(흔드는 것)을 말하며 와인을 공기와 더 많이 접하게 하여 알코올 향을 날려보내고 와인의 향과 맛이 제대로 우러나오게 하는 데 도움을 준다.

Step 1 주문한 와인이 맞는지 학인

Step 2 확인 사항

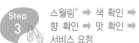
Step 3 스월링* ➡ 색 확인 ➡ 향 확인 ➡ 맛 확인 ➡ 서비스 요청

와인 따르는 법

손 위치
손목을 받치거나 허리선에
둔다.

잡는 위치
Lavel 뒤쪽. 병 하단이 적절하다.

와인잔으로부터 일정한 간격 유지

Tip

* Twist는 잔에 와인을 적정량 따
른 후 와인병 입구(목)를 살짝 들어
올린디는 느낌으로 Stop한 후 손
목만을 이용해 왼쪽에서 오른쪽(바
깥쪽)으로 병을 살짝 돌려줌으로써
따르던 와인이 병을 타고 흘러내려
테이블에 떨어지는 것을 방지해 주
는 동작이다.

Twist~

따르기 ➡ Stop ➡ Twist*

(6) 와인 따르는 법

삼페인
잔의 2/3선이 가장 바람직하다.

와인
잔의 1/3선이 가장 바람직하다.

Tip

와인 : 스월링을 위해 와인 잔의 절
반을 넘지 않도록 따른다.

삼페인 : 거품이 쉽게 넘치므로 한
꺼번에 따르지 않고 2~3
번에 나누어 따르는 것이
Point!

(7) 와인잔의 명칭 및 와인잔 잡는 법

바른 와인잔 잡는
법 & 부위별 명칭

Rim

Bowl

Stem

Base

와인잔 잡는 잘못된 예

(8) 레스토랑에서 가져간 와인 마시기

❶ 코키지(Corkage)

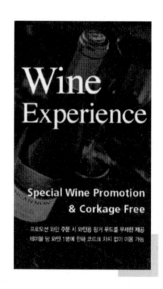

- 레스토랑이나 와인바에서 손님이 직접 가지고 온 와인에 대해 적정한 비용을 부과하고 와인 오픈, 잔 제공, 와인 서빙 등의 부대 서비스를 제공하는 제도를 의미하며, 이때 지불하는 비용을 코키지 요금 (Corkage Fee)이라 한다.

- 코키지 비용(병당)

  한국-병당 1.5~3만원, 미국 20~30달러, 캐나다 10~15달러(또는 인당 5달러) 정도이다.

BYOB(Bring Your Own Bottle)라고도 하며 같은 국가라 하더라도 지역, 레스토랑마다 비용은 상이하다.

❷ 건배

- 건배할 때는 잔을 옆으로 15도 정도 기울여 볼록한 Bowl 부분을 부딪치는 것이 바람직하다.
- 시선은 잔을 바라보는 것이 아니라 상대방과 자연스럽게 눈을 맞춘다.
- 먼 자리에 있는 사람과는 잔을 턱 선 높이로 들고 눈을 맞추는 것으로 대신한다.

❸ **마시기**

- 윗사람 앞에서 고개를 돌려 마시지 않는다.^(윗사람 앞에서 고개를 돌려 마시는 동양의 예절과 다르다)

- 잔을 완전히 비우지 말고 조금 남겨서 첨잔을 받는 것이 바람직하다.

- 동석자의 잔이 비었을 때는 바로 첨잔해 준다.

- 동석자가 와인을 마시기 위해 잔을 들면 같이 잔을 들어 응대해 주는 것이 매너이다.

- 음식과 함께 즐기는 경우 와인을 마시기 전 냅킨으로 입을 닦아 나 음식물 찌꺼기가 잔에 묻지 않도록 한다.

- 격식 있는 자리에서의 지속적인 스월링은 오히려 동석자에게 방해가 될 수 있으니 유의한다.

와인의 이해 인용문헌

- 한권으로 끝내는 와인 특강/전상헌/예문
- 홍재경의 와인 클래스/홍재경/이숲
- 올 댓 와인/조정용/해냄
- 와인의 세계, 세계의 와인/이원복/김영사
- 와인 바이블/케빈 즈랠리, 정미나역/한스미디어
- 서비스 아케데미 와인 상식

05 비알코올 음료

(1) 청량음료(Soft drink)

- **탄산음료**   콜라, 다이어트 콜라, 7-up, 스프라이트, 다이어트 7-up, 탄산수, 토닉워터, 진저에일, 페리에 등

- **비탄산음료**   생수

(2) 영양음료(Nutritious drink)

- **주스류**   오렌지 주스, 포도 주스, 그레이프프루트 주스, 파인애플 주스, 토마토 주스, 구아바 주스, 사과 주스 등

- **우유류**^(Milk)

(3) 기호음료(Fancy drink)

- **커피류**   부르^(Brew) 커피, 디카페인 커피, 인스턴트 커피, 에스프레소 등

- **차**^(Tea)**류**   홍차, 우롱차, 녹차, 재스민 차, 둥굴레 차 등

기내 일반석 비알코올 음료/알코올 음료

(1) 일반석 음료(Beverage)의 종류

- 찬 음료(Cold Beverage)의 종류

  생수, 오렌지, 파인애플, 토마토, 구아바 주스, 콜라, 다이어트콜라, 사이다, 토닉워터, 소다워터, 진저에일, 우유

- 뜨거운 음료(Hot Beverage)의 종류

  커피(Instant,Brewed, Decaffeinated), 차(홍차, 녹차)

- 알코올성 음료의 종류

  레드/화이트 와인, 스파클링 와인(삼페인), 코냑, 진, 보드카, 위스키, 맥주, 칵테일

(2) 음료(Beverage) 서비스 방법

- 비행 중 음료는 식사 서비스 기준으로 식전에 Aperitif를 제공하고 식중, 후 와인을 제공하며 식사가 끝난 후에는 커피와 차 종류를 제공한다.

- 객실승무원은 음료 제공 전 반드시 해당 음료의 특성과 종류에 대해 숙지하여야 한다.

- 아침식사나 Brunch일 경우 찬 음료 외에 Hot Beverage를 동시에 서비스 한다.

- 식사 서비스 시 제공되는 Hot Beverage는 식사 제공 순서와 동일하게 제공한다.

- 음료의 상표가 부착되어 있는 경우 승객이 바라볼 때 상표의 정면이 보이게끔 제공한다.

- 음료를 캔으로 제공할 경우 캔은 잔의 왼쪽에 놓는다.

- 캔 음료나 컵을 승객 테이블에 놓을 경우 소리가 나지 않도록 조심해서 제공한다.

- 모든 주스류는 냉장한 상태로 시원하게 제공한다.
- 모든 Soft Drink류는 냉장된 상태에서 얼음과 함께 제공한다.
- Hot Beverage는 반드시 뜨겁게 제공해야 하며, 서비스용 Pot은 사용 전 깨끗한 물로 닦아내고 오염된 외부를 닦아 청결하게 유지한다.
- 뜨거운 음료(커피, 차)는 최소한 1회 이상 Refill하여야 한다.
- 뜨거운 음료는 해당 잔의 7부 정도로 제공하며 어린이 승객에게 제공할 시에는 5부 정도로 제한한다.
- 뜨거운 식, 음료를 제공할 경우에 승객에게 화상을 입히지 않도록 각별히 유의한다.
- 비행 중 승객의 요청에 의해 기내 탑재된 모든 음료가 제공 가능하나, 특히 알코올성 음료의 경우에는 지나친 제공으로 인해 만취 및 난동승객이 발생하지 않도록 유의한다.

(3) 알코올성 음료 제한 승객

다음에 해당하는 승객에게는 알코올성 음료를 제공하지 않는다.

- 제복을 착용한 항공사 직원
- 만 19세 미만의 미성년승객
- 알코올성 음료를 반출하려는 승객

- 항공사에서 제공하지 않는 알코올성 음료를 마시는 승객
- 만취승객

(4) 일반석 비알코올성/알코올성 음료 및 서비스 방법

☑ 비알코올성 음료

일반석 기내식 Tray 위에
세팅되는 생수 모습

① 생수(Mineral Water)

기내생수는 일반적으로 1.5리터의 플라스틱병
으로 탑재되며 서비스 방법은 차게 하여 원하는
개인별로 제공한다. 제공시점은 탑승 후, 이륙
후 및 착륙 전까지 모든 비행시점이다.

2014년까지 제공한
제주생수

2015년 새롭게 바뀐
기내생수

생수 기내 서비스 시 유의점

- 생수는 냉장하여 얼음 없이 서비스하는 것이 원칙이다. 다만, 충분히 냉장되지 않은 상태이면 컵에 얼음을 넣어 제공한다.
- 생수는 병을 들고 나가 제공해도 무방하나, 컵으로 제공할 경우 승객 Tray 위에 서비스 한다.
- 생수를 제공할 경우 생수병의 뚜껑은 완전히 제거하고 서비스 한다.
- 대한항공의 경우 2015. 8. 새로 바뀐 기내생수는 이전 사용했던 생수병에 비해 플라스틱이 얇으므로 기내 서비스 시 너무 세게 힘을 주어 잡으면 물이 튀어 승객의 의복이나 신체에 묻을 수 있으니 주의하자.
- 기내에서 승객에게 제공하는 휴대용 생수병의 생수를 다 마신 후 에 물을 채워 달라고 하는 경우가 많으나 한 번 사용한 생수병은 세균 번식의 문제가 있으니 가급적 새로운 생수병을 제공하든가 아니면 컵을 사용하도록 권장한다.

❷ **주스류**(Juice)

과실이나 채소를 주원료로 하여 가공한 것으로 직접 또는 희석하여 음용하는 농축 과실즙, 농축 채소즙, 농축 과·채즙, 과실주스와 과채주스, 그리고 과실음료와 과채음료를 말한다. 기내 일반석에서는 오렌지, 파인애플, 토마토 그리고 구아바(Guava) 주스를 제공한다. 10여 년 전만해도 기내 주스류는 큰 Can 타입으로 탑재되었으나 캔의 위험성과 부식 가능성이 있어 현재는 종이로 만든 테트라팩(Tetra Pack) 형태로 탑재된다.

기내에서 제공되는 주스별 원산지 소개 및 뚜껑 개봉 장면

대한항공 기내에 탑재되어 승객에게 제공되는 주스별 원산지와 개봉방법, 용량 그리고 환경적인 문제에 대한 문의가 많아 소개하고자 한다.

오렌지주스

• 용량 : 1리터
• 원산지 : 스페인
• 뚜껑 여는 방법 : 플라스틱 마개를 돌려서 연다.
사용한 팩은 종이재질인 Tetra 팩으로 되어 있어 재활용 가능하다.

파인애플주스

• 용량 : 1리터
• 원산지 : 호주
• 뚜껑 여는 방법 : 플라스틱 마개를 돌려서 연다.
사용한 팩은 종이재질인 Tetra 팩으로 되어 있어 재활용 가능하다.

토마토주스

• 용량 : 1리터
• 원산지 : 미국
• 뚜껑 여는 방법 : 플라스틱 커버를 들어 올린 후 비닐을 벗긴다.
사용한 팩은 종이재질인 Tetra 팩으로 되어 있어 재활용 가능하다.

구아바주스

• 용량 : 340ml
• 원산지 : 미국
• 뚜껑 여는 방법 : 금속재질 손잡이를 위로 젖힌다.

Juice류 기내 서비스 시 유의점

• 주스류는 반드시 냉장한 상태에서 승객에게 제공되어야 하며, 객실승무원은 서비스 직전 냉장상태를 반드시 확인한 후 제공하도록 해야 한다.
• 일반석인 경우 차게 제공하며 충분히 냉장되지 않았을 경우 얼음을 넣어 제공한다.
• 냉장 속도를 빠르게 하기 위해 냉장고 안에 드라이아이스를 넣어두어 주스 및 기타 음료수가 냉동되어 버리게 되는 경우가 발생하니 가급적 적절한 시간에 준비하여 음료수의 폐기량을 줄이도록 한다.
• 한 번 준비해 둔 주스류는 재사용이 불가하니 승객수에 맞추어 적절한 음료수 세팅이 필요하다.
• 착륙 전 주스류를 원하는 승객이 있으면 해당 갤리의 음료수를 전부 소진하고 정리된 상태인 경우 일부러 새것을 뜯고 한 잔만 서비스한 후 버리지 말고 다른 갤리나 상위 클래스에 문의하여 원가절감 효과를 누리고 지나친 기내 음료의 낭비를 막도록 하자.
• 주스류는 일반적으로 인천공항 출발 시 왕복분의 주스를 탑재하나 해외공항 케이터링을 이용하여 주문하여 탑재할 수 있는데 그런 경우 해외공항에서 주문한 주스류부터 사용하는 것을 원칙으로 한다.
• 이전 비행에서 사용한 주스류는 재사용하지 않도록 한다.
• 국내선의 경우 패턴비행이 종료되면 사용하고 남은 주스류는 전량 폐기한다.

③ 소프트 드링크류(Soft Drinks)

콜라(Coke)

콜라는 미국을 대표하는 음료로서 열대지방에서 재배되고 있는 콜라열매(Cola Nut) 속에 있는 콜라두를 가공 처리하여 레몬, 오렌지, 시나몬, 바닐라 등의 향료를 첨가하여 만든다. 콜라두는 벽오동과의 상록 교목으로 서

부 아프리카 원산의 재배 식물로 높이는 6~9m, 잎은 길둥글며, 꽃은 황색이고 열매는 15cm 가량의 길둥근 모양으로 속에 4~10개의 씨가 들어 있으며, 씨에는 카페인과 콜라닌이 들어 있어 콜라 음료의 원료로 쓰인다. Coke란 콜라의 열매를 원료로 한 청량음료를 통틀어 이르는 말이며, 기내에서 제일 많이 소비되는 대표적인 Soft Drink류이다.

7 - up

세븐업이란 브랜드명의 유래는 정확히 알려져 있지 않으나 제품에 들어간 성분 7가지와 탄산방울이 위로 올라오는(up) 모습에서 유래되었다는 설, 초기 제품의 7온스짜리 포장용기에서 유래되었다는 설, 7음절로 이루어진 초기 제품의 이름에서 유래되었다는 설 등이 있으며, 기내에서 Coke 다음으로 많이 소비되는 음료이다.

Soft Drinks 기내 서비스 시 유의점

- Soft Drink류는 반드시 냉장한 상태에서 승객에게 제공되어야 하며, 객실승무원은 서비스 직전 냉장상태를 반드시 확인한 후 제공하도록 해야 한다.
- 일반석에서는 냉장한 후 플라스틱 컵에 얼음을 넣고 제공한다.
- 단거리 노선, 국내선에서 플라스틱 큰 병(Pet Type)으로 실렸을 경우 충분히 냉장하여 얼음 없이 제공하고 승객이 얼음을 요청하는 경우에는 얼음이 있을 경우에만 제공한다.
- 특히 하절기 국내선인 경우 냉장고 및 얼음이 탑재되지 않으므로 냉장상태에 유의한다.
- 콜라, 사이다, 다이어트콜라, 7UP을 담은 플라스틱 통이나 캔을 일단 오픈하면 재사용이 절대 불가하니 담당구역의 승객숫자를 감안하여 적정량이 오픈되도록 한다.
- 탄산이 완전히 제거된 소프트 드링크류는 거의 설탕물과 다름없으니 한 번 오픈된 것은 가급적 적절한 권유를 통해 소비하도록 한다.
- 콜라와 사이다, 7UP은 아주 찬 상태로 서비스하든가 아니면 얼음을 넣어 서비스해야 한다. 따라서 서비스 직전 냉장상태를 재확인하여야 한다.
- 큰 플라스틱 통에 넣어진 콜라는 사용 시 매우 주의를 요한다. 왜냐하면 바쁜 객실승무원이 급하게 통의 중간을 잡고 올리면 통의 부피가 줄어들면서 내용물이 튀어 승객이나 승무원의 신체, 의복을 손상시킬 수 있기 때문이다. 따라서 대형 콜라를 잡을 때는 바쁘더라도 부드럽게 잡는 연습을 하는 것이 필요하다(저자가 객실 팀원과 함께 일반석에서 카트를 잡고 서비스할 때도 여러 번 목격하여 승객에게 사과 후 닦아드리고 클리닝쿠폰을 제공한 적이 적지 않다).

❹ 믹서류(Mixer)

믹서류란 알코올 음료에 섞어 마시면 고유의 풍미가 살아나고 감칠맛이 나며 스트레이트로 마실 때보다 부드럽게 되는 일종의 탄산음료이다. 기

주로 진토닉(Gin Tonic)
제조하는 데 쓰인다.

내에서 사용하는 대표적인 믹서류는 진에 넣는 토닉워터(Tonic Water), 클럽소다(Club Soda), 진저에일(Ginger Ale) 등을 들 수 있다.

토닉워터(Tonic Water) 소다에다 키니네(規郡皮의 엑기스), 레몬, 라임, 오렌지 등 과피의 엑기스와 당분을 배합한 것. 신맛과 함께 산뜻한 풍미를 가지고 있으며, 무색 투명한 색깔을 하고 있음. 제2차 세계대전 후에는 진과 잘 조화시킨 진토닉이란 이름을 가지고 세계적으로 마시게 되었다.

주로 위스키소다(Whisky
Soda)를 제조하는 데 쓰인다.

클럽소다(Club Soda) 소다수(soda water) 또는 탄산수라고도 한다. 정제된 물에 탄산가스를 압입한 음료. 위스키 등의 증류주의 혼합제로서, 또는 칵테일 등의 재료로 많이 쓰인다. 탄산을 포함한 광천수와 다른 점은 후자가 천연으로 지중에서 용출하는 탄산가스를 포함하는 물인 데 대하여, 전자는 인공적으로 탄산가스를 압입한 것이다. Club soda에는 풍미를 갖추기 위해서 식염 등의 무기질을 소량 첨가하는 것이 많다.

주로 칵테일보다는 음료수로
많이 마시는 경향이 있다.

진저에일(Ginger Ale) 적도 아프리카 잔지바르(Zanzibar), 자메이카(Jamaica), 우리나라에서 생산되는 생강의 향기를 나게 한 소다수(Soda Water)에다 구연산(Citric Acid : 시트르산) 기타 향신료를 섞어 캐러멜 색소에 착색한 청량음료이다.

믹서류 기내 서비스 시 유의점

• 믹서류를 알코올성 음료에 함께 섞어 마시는 것이 원래의 목적이나 최근에는 믹서류 자체를 요구하는 승객이 많아지고 있다. 따라서 주스나 소프트 드링크류를 냉장할 때 한두 캔씩 함께 넣어두어 승객 요청 시 시원한 상태로 서비스하도록 한다.
• 항공기 내 믹서류는 다른 음료와는 달리 특성상 많은 양이 탑재되지 않는다. 따라서 적당량이 소비될 수 있도록 조절할 수 있어야 한다.
• 기포가 제거된 믹서류는 승객에게 제공되지 않도록 오픈 즉시 제공되어야 하며, 서비스 직전 믹서류의 냉장 및 탄산 함유도를 체크하여 서비스한다.

❺ 페리에(Perrier)

프랑스 남부 베르게즈에서 생산되는 천연 탄산수로 전 세계 탄산수 시장에서 점유율 1위를 고수하고 있다. 프랑스의 내과의사 루이 페리에 박사가 1898년 프랑스 남동부에 위치한 베르게즈의 광천 소유권을 확보하면서 페리에를 생산하기 시작했다. 이후 페리에를 몸에 좋은 신개념 하이테크 음료수로 포장하려는 전략하에 지금과 같은 형태가 되었다. 페리에는 일명 '인디언 체조 클럽'이라 불리는 곤봉에서 착안한 우아하게 굴곡진 병 디자인으로 영국에서 단번에 인기를 끌며 버킹엄 궁전의 저녁 만찬 식탁에도 올랐다.

> **페리에 기내 서비스 시 유의점**
>
> - 프랑스의 탄산수로 기내에 탑재되기 시작한지는 약 2년 정도 되었다. 주로 상위 클래스에 서비스되는 음료로 처음에는 존재감이 미미하였지만 요즘은 많은 승객이 찾는 기내 음료 중의 하나가 되었다.
> - 기내에는 주로 캔 형태로 탑재되며 탑재량이 충분치 않고 원하는 승객은 많아 적절한 소비의 미덕이 요구된다.
> - 서비스 시 냉장이 필수이며 얼음과 함께 제공되면 청량감과 특유의 향이 승객에게 멋지게 다가갈 수 있다.
> - 탄산이 빠진 페리에는 승객에게 제공하기 부적절하므로 서비스 직전 탄산의 유무를 파악하여 서비스하여야 한다.

❻ 우유(Milk)

우유는 어린 송아지의 유일한 먹이로서 송아지는 어미의 젖으로 생명을 유지하고 정상적인 성장을 할 수 있다. 소의 젖에서 짜낸 우유는 사람에게도 영양가가 높은 것으로 알려져 있다. 인류가 소를 가축으로 사육하기 시작한 것은 약 BC 6000년경으로 추측하는데 우유의 역사도 그만큼 오래된 것으로 짐작할 수 있다. 우유는 BC 4000년경 이미 메소포타미아(이라크)의 우르(Ur)에서 이용한 사실을 보여주는 조각이 발견되었고, 다시 같은 지방의 자르모(Jarmo)에서도 가축화된 소의 뼈가 발견된 것으로 보아 인류가 우유를 최초로 먹기 시작한 역사는 그 이전으로 거슬러 올라갈 것으로 추측된다.

우유 기내 서비스 시 유의점

- 우유는 변질되기 쉬운 음료이니 항상 차게 보관하여야 하며, 잔에 따라서 제공한다.
- 승객 중 따뜻한 우유를 원하는 분은 뜨거운 물에 우유팩째 넣고 덥게 하여 잔에 따라 제공한다.
- 기내에 탑재되는 우유의 개수는 제한이 있으므로 승객 탑승 전 유아나 소아가 많을 경우 케이터링 매니저와 사전협의하여 탑재량을 늘릴 필요가 있다. 우유 재고량이 소진되면 우유를 대체할 수 있는 재료가 기내에 탑재되지 않는다. 따라서 소아에게 적절한 양을 제공하고 나머지는 다른 유아, 소아의 서비스를 위해 냉장 상태로 남겨 두면 편리하다.
- 우유는 끓이지 않는다.

❼ 커피(Brewed Coffee)

커피(coffee)는 힘을 뜻하기도 하고, 에디오피아의 커피나무가 야생하는 지명의 이름인 caffa라는 말이라고도 한다. caffa가 아라비아에서 qahwa(와인의 뜻), 터키에서 kahve, 유럽에 건너가서 cafe, 영국에서 coffee라 불리게 되었다 한다.

커피의 기원

3년생 커피나무 – 커피 열매는 5년생 부터 열린다.

커피의 기원에 관해서는 여러 가지 이야기가 많지만 가장 확실한 설은 에디오피아 고원 아비시니아에 전해지는 이야기로, 칼디(Kaldi)라는 목동이 양떼들이 흥분하여 뛰어 노는 것을 보고 그 원인을 조사하여 본 결과 목장 근처의 나무에서 빨간 열매를 따먹었기 때문이라는 것을 알아냈다. 이 사실을 수도원 원장에게 알려 열매를 따서 끓여 먹어보니 잠을 쫓는 효과가 있고 전신에 기운이 솟는 것을 느꼈고 수도원 다른 제자들도 같은 경험을 하게 되었다. 그 후 그 소문이 각지에 퍼져 동양의 많은 나라들에게 전파되고 애용되어 오늘에 이르렀다는 설이다.

커피의 분류

인스턴트 커피(Instant Coffee)

서구에서는 원두커피와 에스프레소 커피의 비중이 매우 높은 반면에 한국의 커피 문화는 속칭 '달달이'라고 불리는 인스턴트 커피시장이 90%를 상회하고 있다는 점이 특징이다. 인스턴트 커피는 다량 첨가되는 설탕, 크림에 맛을 의존하는 바가 크다 하겠으며 설탕, 크림 없이 마시는 인스턴트 커피를 상상해보면 특별한 사람을 제외하고 즐길 수 있는 정도라고 보기 어렵다. 그러나 인스턴트 커피는 값싸고, 편하고, 빠르다는 대단히 유리한 장점이 있다.

원두커피(Brewed Coffee)

신선한 원두 Coffee는 설탕, 크림 없이도 커피 자체의 맛을 충분히 즐길 수 있다. 설탕, 크림은 오히려 커피 맛을 즐기는 데 방해가 된다고 생각하는 커피 마니아들도 많다. 유명백화점 및 일부 커피전문점에서 구입할 수 있지만 볶은지 수십일 또는 수개월이 경과한 것이 대부분이라 할 수 있다. 원두커피는 보통의 조건에서 볶은지 2주가 경과하면 맛과 향의 50~60%가 소실되며 더구나 분쇄된 상태라면 맛과 향은 매우 빠른 속도로 없어져 버린다.

향 커피(Flavored Coffee)

향 커피는 1970년대 미국의 작은 커피 로스터들에 의해 개발되기 시작, 오늘날에는 100여 개 이상의 향 커피가 존재한다. 향 커피는 특정 향기를 지닌 기름을 로스팅이 갓 끝난 커피원두에 뿌려 흡수되도록 하는 방식으로 만들어진다. 향 커피는 커피에 위스키를 넣은 아이리시 커피와 같이 알코올이 첨가된 커피를 대체하기 위해 개발되기 시작했다.

그러나 커피를 처음 접하는 사람들과 젊은 층이 선호하는 달콤한 맛이 나는 향 커피 개발이 최근 추세이다. 따라서 첨가되는 향이 헤이즐넛 향이면 헤이즐넛 커피, 바닐라 향이면 바닐라 커피, 아이리시크림 향이면 아이리시크림 커피가 되는 것이다. 그러나 향 커피는 어디까지나 가미된 향을 즐기는 수단이다. 어떤 경우에는 주객전도라는 말이 있듯이 커피 본래의 맛과 향을 즐기기에는 가미된 향이 너무 강하여 커피의 맛과 향을 압도한다.

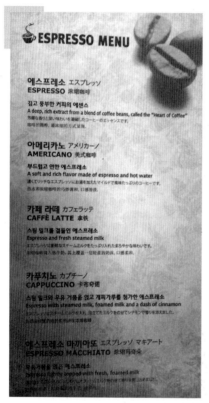

☕ 에스프레소 커피(Espresso Coffee)

에스프레소도 원두커피라 할 수 있지만 강하게 볶아, 짧은 시간에, 진하게 추출하며, 우유 등 부재료를 첨가하여 여러 가지 맛을 낸다는 점에서 별도의 분야로 취급되어야 할 것이다. 에스프레소는 이탈리아식 커피 즐기는 방법으로 1999년도 즈음에 미국 기업인 스타벅스의 국내 진출이 국내의 에스프레소 대중화되는 계기라 할 수 있다. 기존의 커피나 차는 그 맛을 내고 그 맛을 제대로 즐기기까지는 어느 정도의 기초 지식이 필요하다.

☕ Specialty 커피

Specialty 커피도 원두커피이다. 미국이나 유럽 커피 전문가들에게 원두커피로서 그 품질을 충분히 인정받고 있는 커피군이다. 번역한다면 고급 원두커피나 명품 원두커피라 할 수 있다. Specialty 커피의 조건은 원산지, 등급, 커피 이력 등이 충분히 제공된다는 데 있는데, 이는 커피 재배자가 원두커피로서 품질을 확신하고 있다는 것과 같은 의미이다.

☕ 카페인 제거 커피(decaffeinated coffee 또는 decaf)

커피에 함유된 카페인에 예민하게 반응하는 사람들을 위해서 카페인 제거 커피가 개발되었으며, 카페인은 제거 과정에서 카페인의 97%가 제거된다. 카페인을 제거하는 공정은 원두를 볶기 이전에 이루어진다. 가장 대표적인 방법은 탄산가스 추출법으로 탄산가스를 고압으로 액화시켜 카페인에 대한 용해성을 갖게 한 후 이를 원두와 접촉시킨다. 카페인 제거 과정에서 커피 본래의 향도 약간의 손실을 감수해야 하는데 그 정도는 카페인 제거 과정이 얼마만큼 정밀하게 시행되느냐에 달렸다. 커피명에는 보통 decaf 표시를 한다.

🫘 좋은 커피 제조 요령

커피는 70℃ 정도의 온도가 가장 맛이 있다. 좋은 커피를 만들어 좋은 커피맛을 내려면 여러 가지 조건을 충족시켜야 한다.

☕ 분쇄(Grind)
커피를 적당한 크키로 분쇄한다. 커피는 분쇄하면 맛과 향의 손실 속도가 기하급수적으로 빨라지기 때문에 추출 직전에 필요한 만큼을 분쇄하여 사용하는 것이 좋다. 입자의 크기가 일정하고 적합한가를 점검한다.

☕ **추출**(Liquid) 정확한 추출법(물의 온도 / 원두의 로스팅, 분쇄상태 / 추출속도와 상호 관련)에

의해 성의 있게 추출되었는지. 추출된 커피는 가능한 즉시 마신다. 추출된 커피 속의 맛과 향을 내는 성분들 중 많은 것들은 시간이 경과하면 휘발되어 사라진다.

☕ **부재료/물** 첨가되는 부재료는 완전하고 양질인가. 정수된 물이나 생수를 사용한다. 추출된 커피에는 사용된 물의 맛도 함께 나타난다. 경수보다 연수가 적당하며 냄새가 나는 물은 절대 사용하지 말 것(정수물 이용). 적당량의 커피와 물을 사용한다. 드립 방식의 추출일 경우 한 잔의 커피를 추출하기 위해서 분쇄된 커피 5~7g(커피 스푼으로 1회)에 약 180cc의 물을 사용하는 것이 적당하다. 드립(Drip) 방식 추출의 경우 물의 온도는 94~96℃가 적당하다.

🫘 원두의 보관방법

커피는 볶은 후로 시간이 경과하면서 휘발하거나 산화되기 때문에 맛과 향이 소실되어 간다. 산소의 양이 많을수록, 주위 온도가 높을수록, 습도가 높을수록 산화 현상은 가속된다. 자외선 또한 커피 맛과 향의 변화에 일조

기내 원두커피를 만드는 커피메이커

한다. 따라서 커피의 보관은 보통의 경우 공기가 적은 유리 밀폐용기 또는 지퍼 등에 담아, 햇빛이 들지 않는 건조하고 서늘한 곳에 하여야 한다. 크기는 200~300g 정도를 보관할 수 있는 것이 좋다. 다만 수일간 사용하지 않을 경우 냉동실이나 냉장실에 보관할 수 있다. 이 경우 반드시 밀폐를 완벽히 하여야 한다.

기내 커피 서비스 시 유의점

커피는 주문을 받을 때 크림과 설탕 첨가 여부를 물어 서비스한다.

커피를 만들기 전 Pot를 물로 깨끗하게 헹군 다음 만들어야 한다.

커피의 향과 신선한 풍미를 느끼게 하기 위해 서비스 직전에 Brew시켜 만들어야 하며 바쁘고 시간이 없더라도 풍부한 원두커피의 향을 위해 커피팩을 지상에서 미리 Coffee Maker Rack에 집어넣지 않도록 한다.

(기내 모든 클래스에 사용되는 커피팩-베개모양으로 생겨서 흔히 객실승무원끼리는 흔히 '필로우팩 Pillow Pack'이라고 한다)

오래된 커피는 아낌없이 버리고 항상 새로운 커피를 만들어 제공한다.

Coffee Maker는 항상 청결하게 유지하여야 한다.

상위 클래스에는 에스프레소 커피 제조기가 설치되어 있어 다양한 커피를 제공하고 있다.

기내에서 사용하는
커피팩

기내 커피의 정확한 명칭

기내 커피의 정확한 명칭은 아래와 같다.

내린 커피(×), 브루 커피(×)	➡ 원두 커피(O)
프림(×)	➡ 크림, 크리머(O)
Decaffein Coffee (×)	➡ Decaffeinated Coffee(O)

하지만 승객이 주문 시 사용한 커피 명칭에 대해서는 명칭을 정정해서 언급하는 경우, 가르친다는 인상을 줄 수 있으니 정정하지 말고 그대로 주문내역을 확인하여야 한다.

⑧ 녹차(Green Tea)

발효시키지 않은 찻잎(綠茶)을 사용해서 만든 차를 말한다. 차 잎을 따서 바로 증기로 찌거나 솥에서 덖어 발효가 되지 않도록 만든 불발효차이다. 적채한 차의 생잎을 재빨리 증열(증자 : 찌기) 또는 부초(釜炒 : 덖음) 등의 열처리를 행하며 차 잎 중의 산화효소를 위시한 각종의 효소의 활성을 정지시킨 후 유념 건조한 차이다. 차 잎 성분의 변화가 적으므로 회관에 녹색 계통이 보존되어 있는 것이 특징이다.

녹차를 처음으로 생산하여 사용하기 시작한 곳은 중국과 인도이다. 그 후 한국, 일본, 실론, 자바, 수마트라 등 아시아 각 지역으로 전파되었다. 녹차는 동백나무과(Theaceae) 카멜리아 시넨시스(Camellia sinensis)의 싹이나 잎을 발효시키지 않고 가공한 것

상위 클래스 녹차팩

기내에서 제공되는
2가지 녹차

단거리노선에 사용하는
녹차가루. Pot 한 개에
한 팩을 넣어 잘 젓는다.

69

- 녹차는 설탕을 넣지 않고 제공한다.
- 뜨거운 물을 먼저 잔에 제공하고 티백은 뜨지 않은 상태로 서비스한다.
- 시간관계상 한일노선에서는 가루녹차를 사용한다.
- 녹차를 제공 시 함께 제공하는 물이 식지 않도록 보온에 유의한다. 식사 서비스 제공 후 기내 객실승무원이 제일 바쁜 시기이기도 하여 녹차를 우릴 물의 온도를 점검하지 않고 서비스하여 적지 않은 고객 불만을 받고 있다(식었을 경우 지체 없이 Galley로 가서 뜨거운 물로 교환해야 한다).
- 한일노선 단거리 노선 서비스 시 비행시간 관계상 가루녹차를 제공하게 되는데 객실승무원마다 기준이 달라 어떤 때는 2015년 한 여름 한강의 녹차라떼를 연상하리 만큼 진하게 제공될 때가 있으며 제대로 젓지 않아 Pot 아래부분에 뭉쳐 있는 녹차가루를 흔히 볼 수 있으니 주위 승무원과 의논하여 적정량의 녹차가루만 넣고 잘 저어 상쾌한 맛을 즐길 수 있도록 하자.

으로 차 잎을 화열(火熱 중국식) 또는 증기(일본식)로 가열하여 차 잎 속의 효소를 불활성화시켜 산화를 방지하고 고유의 녹색을 보존시킨 차이다.

세계의 생산량은 약 67만톤(2000년도), 2.75%가 중국에서, 이하 한국, 일본, 인도네시아, 베트남 등에서 생산된다.

참고

녹차의 뜨거운 물은 갤리에 설치되어 있는 Waterboiler를 통해 공급받게 되는데 Waterboiler의 용량이 크지 않아 3Pot 정도 빼내면 다시 가열해야 하므로 바쁜 관계로 계속해서 물을 빼 쓰면 나중엔 가열되지 않은 찬물이 공급되게 된다.

항공기 내 설치되어 있는 Waterboiler

항공기 내 설치되어 있으며 녹차용 뜨거운 물을 제공하는 Waterboiler

9 홍차(Black tea)

홍차(紅茶)는 백차, 녹차, 우롱차보다 더 많이 발효된 차(Camellia Sinensis)의 일종이다. 따라서 향이 더 강하며, 카페인도 더 많이 함유하고 있다.

동양에서는 찻물의 빛이 붉기 때문에 홍차(紅茶)라고 부르지만, 서양에서는 찻잎의 검은 색깔 때문에 'black tea(검은색 차)'라고 부른다. 서양에서 'red tea'는 보통 남아프리카의 루이보스 차를 의미한다.

녹차가 그 향을 일 년 내에 잃는 반면, 홍차는 수년간 그 향이 보존된다. 차는 오래 전부터 무역에 사용되었으며, 몽골, 티베트와 시베리아에서는 19세기까지도 찻잎을 압축한 덩어리가 화폐로써 사용되기도 했다. 이는 보이차로 분류되는 차에 대한 기술이지만, 서양 사람은 이것이 자신들이 마시는 홍차와 같은 차로 믿고 있으며, 그들이 저술하는 문헌을 보면 차를 화폐로 사용했다는 내용을 볼 수 있다. 전통적으로 서양사회에 알려진 차는 홍차뿐이었으며, 녹차가 널리 퍼지고 있지만, 지금도 홍차는 서양에서 팔리는 차의 90퍼센트를 넘게 차지하고 있다.

기내 일반석에 제공되는 홍차 – Lipton Tea

기내 홍차(Black Tea) 서비스 시 유의점

- 뜨거운 물을 먼저 잔에 제공하고 티백은 뜯지 않은 상태로 서비스한다.
- 홍차를 제공 시 함께 제공하는 물이 식지 않도록 보온에 유의한다. 식사 서비스 제공 후 기내 객실승무원이 제일 바쁜 시기이기도 하여 홍차를 우릴 물의 온도를 점검하지 않고 서비스하여 적지 않은 고객 불만을 받고 있다(식었을 경우 지체 없이 Galley로 가서 뜨거운 물로 교환해야 한다).
- 홍차 제공 시 승객에게 레몬조각이 필요한가를 문의하여 필요 시 제공한다. (녹차 및 홍차를 제공하는 승무원은 Small Tray 위에 기 준비한 레몬조각과 팩형–Pack Type 설탕. 분말크림을 충분히 준비한다)

☑ 알코올성 음료

① 와인(Wine)

인류가 포도주를 마시기 시작한 것은 기원전 5천년 전부터인데 확실한 연대는 알 수가 없다. 전해 오는 이야기로는 야생포도가 자연발효된 것을 원숭이가 먹고 취한 것을 인간이 알게 되어 포도주를 만들었다고 한다. 포도주는 순수 포도만을 발효하여 만든 술이기 때문에 도수가 낮고 향과 맛이 좋아 옛날부터 유럽에서는 식사 도중이나 애경사, 제사 때 많이 마셨으며 귀한 손님을 대접할 때 사용, 현재까지도 매우 인기 있는 술로 인정받고 있다. 포도주는 알칼리성 음료로 산성화된 인체를 중화시켜 건강에 좋다. 특히 신진대사, 혈액순환, 한방의학적인 측면에서 우수, 전통 포도주 생산국인 프랑스, 독일, 스페인, 영국, 이탈리아 등에서는 식탁에 반드시 포도주를 곁들인다.

중거리 비행에는 화이트 와인으로 마주앙을 서비스한다.

- 와인은 승객 앞에서 와인병을 보여 드린 후 직접 따라 드린다.
- 일반석에서는 중, 장거리 1st 서비스 시에 제공한다.
- 화이트 와인은 냉장고나 얼음을 이용해 냉장하고 라벨이 상하지 않도록 유의하며 화이트 와인의 적정온도는 6~12도이고 미리 꺼내 놓으면 쉽게 더워지므로 제공온도보다 더 차게 냉장하여야 한다.
- 레드 와인의 서비스 적정온도는 15~20도이다. 온도가 너무 높거나 낮으면 고유의 향이 증발되는 경우가 생기므로 적정온도 유지에 유의한다.
- 와인의 코르크(Cork)는 조심스럽게 빼내어야 하며 빼낸 후 와인 코르크 부스러기가 나올 수 있도록 조금 따라낸다.
- 코르크를 제거한 후 코르크의 냄새를 맡아보며 주위에 곰팡이 등 이물질이 없는지 확인한다.
- 와인은 서비스하기 전 잔에 조금 따라 맛을 보고 향, 색상, 맛의 이상 유무를 파악한다.
- 상한 와인의 경우 레드 와인은 누런색(황토빛)을 띠고 화이트 와인은 갈색(Brown)을 띠므로 색깔을 재확인하고 서비스하여야 한다.
- 와인을 오픈한 경우 반드시 Breathing을 하도록 한다. Breathing이란 와인을 공기와 접촉시켜 맛을 부드럽게 하는 과정을 의미한다.
- Breathing에 적절한 시간은 10~30분이다.
- 승객이 선택한 와인의 종류, 색깔, 생산지를 안내하고 맛보기(Tasting)를 원하여야 한다.
- 와인을 서비스할 때 한 손에 준비한 와인용 린넨으로 와인병 입구에 맺힌 와인 방울을 닦아준다.
- 일반석에서 와인은 최소 1회 이상 리필(Refill)을 실시한다.

❷ 맥주(Beer)

맥주는 보리의 싹을 틔워 만든 맥아로 맥아즙을 우선 만들고 호프를 첨가해 효모균으로 만든 4~5도의 알코올을 함유한 음료이다.

제조과정은 맥아제조-당화-발효-저장을 거쳐서 탄생하며, 기내 일반석에서 맥주의 서비스 방법은 다음과 같다.

기내 일반석 제공 맥주

- 맥주는 항상 냉장하여 제공한다.
- 맥주도 탄산이 많이 들어 있으므로 취급 시 떨어뜨리거나 심하게 흔들지 않는다.
- 기내식 서비스 중 바닥에 떨어뜨린 맥주는 다시 카트 위에 올려놓지 말고 갤리 일정 장소에 보관하여 다른 승무원이 서비스하지 않도록 한다.
- 일반석의 경우 맥주컵은 승객의 오른편에 놓고 캔은 왼편에 놓으며 캔에다 컵을 꽂아 서비스하지 않는다(예전에는 한일노선 및 기타 비행시간이 짧은 노선에서 캔 위에 컵을 꽂아 서비스했었다).

③ 브랜디(Brandy)

"브랜디"라는 것은 본래 포도를 발효, 증류한 술에 붙인 명칭이었다. 그러나 현재에는 과실을 주원료로 하는 모든 증류주에 대해서 이 명칭이 사용된다.

기내 브랜디 서비스 시 유의점

- 식후에 서비스하는 것을 원칙으로 한다.
- 기내 일반석에서는 VSOP를 브랜디로 제공한다.
- 보통 스트레이트로 제공하는 것이 원칙이나, 승객이 원할 경우 On the Rocks로도 제공한다.
- 상당히 도수가 높으니 과음하지 않도록 유의하며 서비스한다.

④ 위스키(Whisky)

영국 · 미국에서 발달하였으며, 맥아를 주원료로 하여 이것을 당화 · 발효시킨 후 증류하여 만든 술로, 상업상의 관례에 따라 아일랜드와 미국에서는 'whiskey'라고 표기한다.

켈트어(語) 우식베하(uisge-beatha : 생명의 물)가 어원이며, 이것이 어스쿼보(usque-baugh) 그리고 위스쿼보(whiskybae)가 되고 다시 어미가 생략되어 위스키가 되었다. '생명의 물'은 본래 연금술(鍊金術)의 용어로서 라틴어로 아쿠아비타(aqua vitae)라 쓰며, 9세기에 코르도바의 의사가 포도주에서 증류한 '생명의 물'은 알코올이었다. 그 후 프랑스에서는 포도주를 증류한 브랜디를 가리켜 오드비(eau-de-vie : 생명의 물)라 불렀다.

시바스리갈

잭다니엘

그랜츠

글랜빗

기내 일반석에서 제공되는 위스키 종류

잘 정리된 일반석 주류 Drawer

기내 일반석에서 사용하는 위스키 종류

기내 위스키 서비스 시 유의점

- 위스키의 제공방법은 스트레이트(Straight), 온더락스(On the Rocks), 에디드워터(Add Water), 위스키앤체이서(Whisky and Chaser), 위스키앤티(Whisky and Tea), 칵테일 (Cocktail)로 만들어서 제공한다.
- 일반석의 경우 항공사별로 다르지만 KE에서는 미니보틀(Mini Bottle)을 사용한다.
- 칵테일로 제공할 경우 칵테일에 맞는 위스키의 종류를 선택하여 서비스한다.
- 위기스와 브랜디 종류는 과음하면 쉽게 주체 못할 정도로 취기가 오르는 경우가 많으므로 객실승무원은 제공하기 전 반드시 승객의 상태를 보고 제공한다. 일반적으로 Miniature 3병을 잔에 담아 얼음과 함께 제공하면 적절하고 그 다음은 상태를 보아가 며 제공하며 승객 정보를 다른 객실승무원과 공유하여야 한다.

⑤ 보드카(Vodka)

소련 슬라브 민족이 아주 즐겨 마시는 국민주라 할 수 있고 특히 캐비어 (Cavir)와 잘 어울리는 술로 알려져 있다. 옥수수, 호밀, 감자, 보리, 고구마를 원료로 사용하며 수십 번 여과해서 순도 높은 보드카를 생산한다.

- 완전히 얼려서 스트레이트로 조금 마시는 것이 일반적이나 칵테일 베 이스로도 쓰인다.

- 무색, 무미, 무취의 술이므로 너무 많이 제공하지 않도록 유 의한다.

기내 보드카 서비스 시 유의점

- 기내 탑재되는 보드카는 과음하면 주체 못할 정도로 취기가 오르는 경우가 많으므로 객실승무원은 제공하기 전 반드시 승객의 상태를 보고 제공한다. 일반적으로 Miniature 3병을 잔에 담아 얼음과 함께 제공하면 적절하고 그 다음은 상태를 보아가며 제공하 고 승객 정보를 다른 객실승무원과 공유하여야 한다.
- 기내에는 다른 종류의 주류보다 비교적 충분한 양이 탑재된다.

6 진(Gin)

진은 네덜란드에서 개발하였고 곡식을 발효해 주니퍼베리(Juniper Berry)라는
열매를 담아 예전에는 해열제로 많이 쓰였고 현대에는 주로 칵테일의 베
이스(Base)로 사용되고 있다.

- 베이스(Base) : 칵테일의 기본이 되는 술

기내 진 서비스 시 유의점

- 진(Gin)은 맛도 좋지만 향을 먼저 맡고 마시는 알코올성 음료로서 바쁜 기내이지만 한 번 따라낸 병은 뚜껑을 꼭 닫아 될 수 있으면 향이 날아가지 않도록 한다.
- 칵테일 진토닉(Gin Tonic) 제조 시 원하시는 승객에게 진의 양을 조절할 수 있도록 먼저 물어 보는 것이 좋다.
- 진은 스트레이트보다는 혼성주(칵테일)로 마시는 경우가 매우 많으므로 항상 가니시(Garnish)를 미리 준비하도록 한다.

07 기내 환경과 음료

기내에 탑승한 승객은 상당히 건조한 기내 환경으로 인해 많은 수분의 섭취
가 반드시 필요하다. 따라서 12시간 이상의 장거리를 비행하는 승객은 비행 중
1리터 이상의 수분 섭취가 절대적으로 요구되며 이러한 수분의 섭취는 음료와
식사로 보충하는 경우가 대부분이다. 여객기는 대체로 고도 3만5,000피트(지상
11km)를 비행하고 있으며, 기내의 순환장치가 잘 가동하더라도 기내 공기 중 이
산화탄소의 수치가 높아질 수밖에 없고 건조해지기 마련이다.

따라서 기압이 낮은 기내에
서 알코올성 음료의 섭취는 지
상에서보다 훨씬 몸에 해로우
며 지상 10km 이상을 비행하고
있는 사람의 체내 산소량은 지
상에서보다 3~4% 정도 적어지
기 때문에 승객들은 약간의 탈

수상태에 빠지게 된다. 비행기가 높게 올라갈수록, 기내 공기는 더 건조해지며 기내에서 우리의 몸은 보통 지상에 있을 때보다 하루에 거의 1리터 가까운 수분을 더 잃어버리게 된다. 그러므로 비행 중에는 매 시간마다 탄산이 없는 물이나 과일 주스를 최소한 한 잔은 마시도록 하고 알코올성 음료나 카페인 함유된 음료는 너무 많이 마시지 않는 것이 좋다. 알코올과 카페인은 몸의 수분을 빼앗고 시차로 인한 피로를 가중시키기 때문이다.

기내 기압은 한라산 정상과 같은 6,000피트^(약 1,800m)로 평지에서 느끼는 1기압보다 낮다. 비행기 내에서 수분 섭취가 모자랄 경우 탈수증세와 심하면 DVT^(이코노미클래스 증후군) 증상을 유발시킬 수 있기 때문에 음료 및 생수 등 반드시 충분량의 수분을 공급해 주어야 한다. 또한 고공에서 카페인과 알코올이 함유된 녹차, 홍차, 각종 주류 등의 음료를 지나치게 많이 섭취할 경우 체외로 오히려 수분이 방출되어 더 심한 탈수증을 유발할 수 있으니 카페인과 알코올 음료의 지나친 섭취는 지양해야 할 것이며 저자는 생수나 주스류를 적극 권장하고 싶다.

기내 음료
(Beverage)
제공하기
(Ⅱ)
칵테일의 이해

Chapter 04

수행 준거

● 객실 서비스 규정에 따라, 다양한 칵테일 제조에 필요한 술의 종류와 첨가 음료에 관한 정보를 숙지하여, 제조할 수 있다.

기내 음료 (Beverage) 제공하기 (Ⅱ)

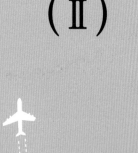

01 칵테일이란?

색깔, 향기, 맛 이 세 가지 성분의 고유맛과 풍미를 살린 예술적 감각음료라고 할 수 있으며, 알코올 음료에 다른 술을 혼합하거나 탄산음료, 과일즙, 향료등의 재료를 섞어서 만든 것이다. 칵테일은 식전주로서 식욕을 증진시키고 식욕과 마음을 자극하며 분위기를 이끌어낼 수 있어야 한다. 칵테일은 1180년대 이슬람 사회에서 꽃, 식물, 물을 약한 술에 섞어 마시는 음료를 제조한데서 기인하며 근대처럼 칵테일을 만들어 마시기 시작한 시대는 약 1870년 독일에서 인공얼음을 발명하여 시작 되었다.

01 칵테일의 기본 요소

❶ **주류**(Base)　칵테일의 기본이 되는 술(Liquor)을 말한다.

❷ **믹서류**(Mixer)　칵테일의 주류와 섞이는 음료로 탄산수, 토닉 워터, 진저에 일 등이 있다.

❸ **가니시**(Garnish)　칵테일의 맛을 더하거나 시각적인 매력을 채워주는 재료 를 말한다.

❹ **양념**(Seasoning)　타바스코 소스, 우스터 소스, 소금, 후추 등의 양념을 말한다.

출처 : www.ncs.go.kr

03 칵테일 제조 방법 5가지

❶ **셰이킹**(Shaking)　셰이커라는 기구를 사용하여 얼음과 재료를 넣고 흔들어 혼합하며 충분히 차게 한 뒤 제공하는 방법

❷ **스터링**(Stiring)　믹싱 글라스(Mixing Glass)에 얼음을 넣고 스푼을 이용하여 잘 저은 뒤 내용물이 차지면 걸러서 서비스하는 방법

❸ **블랜딩**(Blanding)　Mixer를 이용하여 과일을 넣고 갈아내며 거품이 많은 펀 치(Punch)류의 칵테일을 만들어 제공하는 방법

❹ **머들링**(Muddling)　글라스에 직접 만들어서 제공하는 방법

❺ **플로팅**(Floating)　재료의 비중을 이용하여 섞이지 않도록 띄우는 방법

04 칵테일 제조에 사용되는 기구

❶ **스트레이너**(Strainer)　얼음이 함께 나오지 않도록 걸러주는 기구

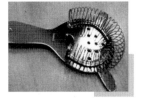

❷ **셰이커**(Shaker)　혼성음료를 섞어줄 때 사
용하는 기구

❸ **메저 컵**(Measure Cup)　술이나 주스 등
의 양을 정확히 측정할
때 사용하는 기구

❹ **바 스푼**(Bar Spoon)　재료를 혼합하기 위해 사용하
는 긴 숟가락

❺ **믹싱 글라스**(Mixing Galss)　두툼한 유리 글라스로 술을
섞어줄 때 사용하는 기구

❻　　　　　　　　**스퀴저**(Squeezer)　과일에서 과즙을 짜낼 때 사용
하는 기구

❼ **아이스픽**(Ice Pick)　얼음을 깰 때 사용하는 기구

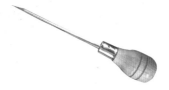

⑧ **아이스 버킷**(Ice Bucket)　얼음을 넣어두는 통

⑨ **아이스 통**(Ice Tong)　얼음을 집는 기구

⑩ **코르크 스크루**(Cork Screw)　코르크 마개를 열 때
사용하는 기구

⑪ **머들러**(Muddler)　내
용물을 휘젓는 나무,
플라스틱, 철재기구

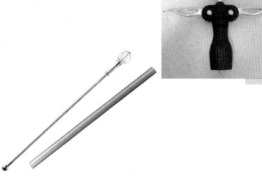

05 칵테일 장식하는 방법(Garnish)

가니시란 칵테일을 제조할 때 제일 마지막 컵 위나 주변을 장식하여 맛과 색 그리고 풍미를 자극하는 장식용 식품을 말하며, 주로 과일의 일부나 껍질을 이용하여 만든다. 기내에 탑재되는 가니시의 종류로는 올리브, 레몬, 체리, 오렌지 등이 있다. 기내 일반석에 제공되는 가니시는 체리, 올리브, 레몬 슬라이스 , 오렌지 슬라이스가 있다.

가니시 장식하는 방법

- 칵테일에 장식을 할 때에는 잘 어울리는 과일을 고르는 것이 중요하다.
- 단맛의 칵테일에는 단맛의 과일을 장식한다.
- 큰 잔에는 장식을 크게 잔 밖으로, 작은 잔에는 장식이 없거나 작게 잔 안에 넣는다.
- 과일을 장식하는 모양에 따라 각기 명칭이 있다.
  - 슬라이스(Sliced) : 얇게 썬 모양
  - 웨지(Wedge) : 사과를 쪼개듯이 과일을 아래 위로 쪼갠 모양
  - 필(Peel) : 과일의 껍질을 벗긴 껍질

Base에 따른 칵테일 종류

1. 위스키로 만드는 칵테일(Whisky Base)

스카치소다(Scotch Soda), 위스키사워(Whisky Sour), 버번콕(Bourbon Coke), 존콜린스(John Collins), 맨해튼(Manhattan)

2. 진으로 만드는 칵테일(Gin Base)

진토닉(Gin Tonic), 진피즈(Gin Fizz), 오렌지블로섬(Orange Blossom), 톰콜린스(Tom Collins), 마티니(Martini)

3. 보드카로 만드는 칵테일(Vodka Base)

보드카토닉(Vodka Tonic), 블러디메리(Bloody Mary), 스크루드라이버(Screw Driver)

 ## 주요 칵테일 제조방법

1. 위스키로 만드는 칵테일(Whisky Base)

Name	GLS	Ice	Base	Mixer	Garnish
Scotch Soda	T	O	Scotch 1 oz	Soda Water	
Whisky Sour	W	×	Blended 1 oz	Lemon/J –.3 oz	Lemon/s
Jack & Coke	T	O	Jack Daniel's 1 oz	Coke	–
John Collins	T	O	Bourbon 1 oz	Lemon/J 0.3 oz	Lemon/s, Cherry
Manhattan	W	X	Bourbon 1–1.5 oz	Sweet Vermouth 0.7 oz	Cherry

• Scotch Soda 및 Jack & Coke은 Stir한다.
• Whisky Sour은 sugar 1 Tea Spoon을 넣고 잘 저은 후 얼음을 넣고 차게 하여 W/G에 Strain한다.
• John Collins은 Sugar 1 Tea Spoon을 넣고 잘 저은 후 얼음이 든 새 Cup에 붓고 Soda Water를 채운다.

2. 진으로 만드는 칵테일(Gin Base)

Name	GLS	Ice	Base	Mixer	Garnish
Gin Tonic	T	○	Gin 1 oz	Tonic Water	Lemon/s
Gin Fizz	T	○	Gin 1 oz	Lemon/J 0.3 oz Soda Water	Lemon/s
Orange Blossom	W	×	Gin 1.5 oz	Orange/J 1.5 oz	–
Tom Collins	T	○	Gin 1.5 oz	Lemon/J 0.3 oz	Lemon/s, Cherry
Martini	T/W	○/×	Gin 1.5 oz	Dry Vermouth 0.7 oz	Olive

Martini

- Gin Tonic은 Stir한다.
- Gin Fizz는 Sugar 1 Tea Spoon을 넣고 잘 저은 후 얼음을 넣고 차게 하여 Strain한 다음 소다수를 채운다.
- Orange Blossom은 Sugar 1/2 Tea Spoon을 넣고 잘 저은 다음 얼음을 넣고 차게 하여 Strain한다.
- Tom Collins는 Sugar 1/2 Tea Spoon을 넣고 잘 저은 후 얼음을 차게 하여 Strain한 다음 소다수를 채운다.
- Martini는 Dry로 주문한 경우 Gin의 양을 늘리고 Straight로 주문할 때는 Strain하여 W/G에 준비한다.

3. 보드카로 만드는 칵테일(Vodka Base)

Name	GLS	Ice	Base	Mixer	Garnish
Vodka Tonic	T	○	Vodka 1 oz	Tonic Water	–
Bloody Mary	T	○	Vodka 1 oz	Tomato/J	Lemon/s
Screw Driver	T	○	Vodka 1 oz	Orange/J	Orange/s
Seoul Love	T	○	Vodka 1 oz	Guava/J 2 oz Lime/J	Cherry, Lemon/s

- Vodka Tonic, Screw Driver, Seoul Love는 Stir한다(Seoul Love Garnish : Cherry & Lemon/S).
- Bloody Mary는 Worcestershire Sauce와 Hot Sauce 2~3방울, Salt, Pepper를 첨가하여 Stir한다.
  (Garnish : Lemon/S)

내 손으로 만드는 칵테일, 마이 리틀 바!

지루한 비행은 저리가라! 내가 직접 칵테일을 만들어 보는 나만의 바! 친구, 연인, 부부끼리
알콩달콩 만들어서 사이좋게 한 잔씩.

2015년 7월부터 국내
LCC 항공사에서도 칵테일
을 제조 및 판매하고 있다.

08 KE A380 BAR에서 서비스하는 칵테일 종류

앱솔루트 파인애플 블리스
(Absolut Pineapple Bliss)

재료 보드카 Citron, 파인애플, 레몬, 프레시 민트

앱솔루트 화이트 초콜릿 칵테일
(Absolut White Chocolate Cocktail)

재료 보드카 바닐라, 커피, 화이트 초콜릿

앱솔루트 플라잉 샴페인 칵테일
(Absolut Flying Champagne Cocktail)

재료 보드카, 아이스와인, 샴페인

앱솔루트 콜린스
(Absolut Collins)

재료 보드카, 레몬, 설탕, 소다
수

앱솔루트 페어 디럭스
(Absolut Pear Deluxe)

재료 보드카, 배, 사과, Citrus,
샴페인

앱솔루트 랩스베리 딜라이트
(Absolut Rapsberry Delight)

재료 보드카, Citron, 랩스베리,
소다수

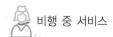

 기내 칵테일 서비스 시 유의점

- Cocktail은 항상 차게 만든다. ^(섭씨 4∼6도)
- Whisky on the Rocks는 얼음을 먼저 넣고 위스키를 채운다.
- 위스키 스트레이트^(Whisky Straight)는 1온스 정도가 적당하며 Chaser를 주문 받아서 제공한다.
- 믹서^(Mixer)가 발포성인 경우 너무 젓지 않는다.
- 가니시^(Garnish)를 이용하여 장식할 경우 너무 마르지 않고 촉촉한 상태의 가니시를 쓴다.
- 얼음은 항상 단단한 것을 사용하며 녹은 얼음은 쓰지 않는다.
- 설탕이 들어가는 칵테일은 먼저 충분히 저어 설탕을 녹인 후, 얼음을 넣는다.
- 칵테일은 베이스^(Base)를 믹서^(Mixer)와 배합하여 만들며 칵테일의 종류에 따라 설탕, 시럽 등의 감미료와 얼음을 넣고 레몬 슬라이스, 오렌지 슬라이스, 체리 등을 사용하여 화려하게 장식하여야 한다.

출처 : 칵테일 주류 가이드북

Chapter

05

기내식
제공하기
(Ⅰ)

일반석 서비스 절차

1. 기내 식음료 서비스 원칙

2. 기내 취식 불가 음식, 특별식의 이해

Chapter

05

기내식 제공하기 (Ⅰ)

수행 준거

- 객실 서비스 규정에 따라, 기내에서 제공되는 식사를 위한 세팅(Setting) 및 데우기(Heating) 등을 수행할 수 있다.
- 특별서비스요청서(SSR: Special Service Request)에 따라 특별식을 확인 후, 서비스 및 회수할 수 있다.
- 객실 서비스 규정에 따라, 승객 선호를 확인하여, 테이블 매너에 따른 기내식을 서비스 및 회수할 수 있다.

 기내 식음료 서비스 원칙

1. 기내 식음료 제공 원칙

비행 중 식음료 서비스 제공은 항공기 객실승무원이 구역별(Zone)로 역할을 수행한다.

하늘을 날고 있는 비행기 기내에서는 본 교재를 학습하는 예비승무원이 상상할 수 없을 만큼 많은 고객불만이 표출되며 이를 해결하는 제일 좋은 방법은 고객불만이 발생되지 않도록 원인제공을 차단해야 하는 것이다. 식음료 서비스 불만의 주된 원인은 승객의 무리한 요구도 일부 작용하지만 대부분 서비스를 제공하는 승무원이 서비스 원칙을 간과하고 기내업무를 담당할 때 발생된다. 따라서 식음료 서비스를 제공하는 객실승무원은 아래 원칙을 정확히 숙지하고 식음료 서비스를 제공해야 한다. 저자도 약 32년

대한항공 일반석 비빔밥

아시아나항공 쌈밥

아시아나항공 비빔밥

간 객실서비스를 담당하고 관장하는 입장이었지만 고객불만이 발생했을 때 항상 아쉬운 점은 서비스 제공자인 객실승무원이 식음료 서비스 원칙을 지키지 않아 발생한 경우였다고 생각된다. 담당 승무원이 원칙을 지키지 않은 상태에서 고객불만 발생 시 이 또한 해결하기 힘든 경우가 대부분이었다.

이제 모든 FSC(Full service carrier) 항공사가 공통으로 사용하고 있는 식음료 서비스 규정을 한 줄씩 정독하며 몸에 완전히 익도록 학습해야 한다.

- 뜨거운 식음료는 뜨겁게, 차가운 식음료는 차갑게 제공될 수 있도록 한다.

- 뜨거운 음료(커피, 차, 뜨거운 물)는 항상 복도 측에서 따르고 승객에게 위해 없이 안전하게 제공한다.

- 기내에서 제공되는 뜨거운 식음료는 화상의 우려가 있으니 안전하게 제공하며, 승객 및 승무원의 화상에 항상 유념한다.

- 기내식, 음료를 제공할 때 '일사일언'을 잊지 말아야 한다.

> 일사일언 : 승객에게 서비스를 제공하는 행동을 할 때 반드시 한 가지 대화를 하여야 한다는 항공 객실 서비스의 원칙이다.

- 승무원은 기내식, 음료를 제공할 때 자신의 신체의 일부분이나 옷을 만지지 말아야 한다.

일반석에서 제공되는 양식

- 기내 서비스 순서는 창측 승객 ▶ 여자 승객 ▶ 어린이 승객 ▶ 노인 승객 ▶ 일반 승객 순으로 제공한다.
- 기내 음료 및 메뉴 주문은 항상 창측 승객부터 받아야 한다.
- 남녀 승객이 함께 착석해 있을 때 여자 승객을 먼저 배려해야 하고 주문도 먼저 받는다.
- 어린이 동반 승객의 경우에는 어린이 승객에게 먼저 주문받고 먼저 제공한다.
- 노인 승객이 함께 착석해 있을 때는 노인 승객부터 주문받고 제공한다.
  (노인, 어린이, 여성, 창측승객이 함께 착석해 있을 경우에는 창측승객-여성-어린이-노인승객 순으로 주문받고 제공하는 것이 무난하다.)
- 기내 식음료 제공 전에 항상 먼저 승객의 Meal Table을 펴 드린 후 주문받는다.
- 주문한 내용을 재확인하고 복창하여 Order Misssing 또는 착오가 없도록 한다.
- 창측에 앉아 계신 승객에게는 정중히 양해를 구하고 직접 Tray Table을 펴실 수 있도록 안내한다.
- 승객을 마주보고 왼편 승객에게는 왼손으로, 오른편 승객에게는 오른손으로 제공하나, 무게가 있는 식음료 또는 Tray를 제공할 경우 편한 손으로 제공해도 된다.
- 식음료 Cart를 사용하여 제공할 때를 제외하고 모든 서비스용품은 Tray Mat를 깐 Tray에 준비하여 제공하여야 한다.
- 제공하는 모든 서비스 용품은 해당 항공사 로고(logo)가 잘 보이도록 하여 제공한다.
- Meal Tray 제공 시 주메뉴인 Entree가 승객 안쪽으로 놓이도록 하여 제공한다.
- 기내 식사 서비스 시 승객의 안전을 위해 Tray가 승객의 머리 위로 지나가서는 안 된다.

- 창측 또는 안쪽에 있는 승객에게 서비스 시 통로 측 승객의 자리를 침범하므로 정중히 양해를 구하고 서비스해야 한다.

- 항공사 Logo^(마크)가 새겨져 있는 모든 기용품은 정확한 면을 볼 수 있도록 해야 한다.

- 식음료가 담겨야 하는 부분에 손가락이 닿지 않도록 유의한다.

- 냅킨은 원하는 승객에게만 제공하는 것을 원칙으로 한다.

- 식음료 제공 시 음료는 승객의 오른쪽에 서비스하고, 땅콩류는 음료 왼쪽에 놓아야 한다.

- 서비스 도중 승무원이나 승객이 서비스용품^(나이프, 포크, 냅킨…)을 바닥에 떨어뜨렸을 경우 직접 떨어진 용품을 손으로 집지 말고 냅킨을 이용하여 회수한 후 동일한 새 용품으로 제공하고 떨어진 용품을 손으로 닦거나 입김을 불어 닦아내지 않도록 하며 재사용하지 않도록 한다.^(승객 불만 다발 요소임)

- 음료 제공 시 위생을 고려하여 항상 컵의 아래 부분을 잡아야 한다.

- 일반석의 경우 모든 음료를 제공할 때에는 반드시 냅킨을 받쳐서 서비스 한다.

- 식사 제공 시 Meal Tray를 포갠 상태에서 승객에게 제공해서는 안 된다. 단, Tray를 회수 시에는 가능하나, 3개 이상 포개지 않도록 유의한다.

- 커피, 녹차, 미역국, 된장국 등 뜨거운 음료나 국을 제공 시에 승객의 화상 방지를 위해 Meal Table 또는 위에 승무원이 직접 놓아 드리는 것을 원칙으로 한다.

- 음료는 플라스틱 또는 종이컵에 7~8부 정도만 따라 제공한다.

- 장애인 승객이나 어린이에게 음료를 제공 시 또는 기체 요동을 만났을 때는 음료 컵의 반만 제공하고 잠시 후 추가 제공될 것이라는 안내를 하여야 한다.

- 음료 제공 시 얼음을 넣을 경우 얼음을 먼저 넣고 음료를 따라야 한다.

2. 기내 식음료 회수 원칙

"회수(Collecting)"라는 의미는 승무원이 제공한 기물이나 식음료를 고객이 취식한 후 다시 걷어 들이는 절차를 의미한다. 비행 중 식음료 제공 중 뿐만 아니라 제공한 식음료를 회수할 때 적지 않은 고객불만이 발생하고 있으며 고객과 객실승무원의 아름다운 하모니를 위해 아래의 식음료 회수원칙을 정독하여 완전히 습득할 수 있도록 해야 한다.

- 식음료 회수는 제공한 순서와 동일하게 회수한다. 하지만 식사를 일찍 끝낸 승객은 승객의 의향을 물어 먼저 회수할 수 있다.
- 식음료 회수 시에는 매번 승객의 만족도를 확인하고 회수 여부를 물어 본 후 회수한다.

회수 완료된 Meal cart 내부

- 회수 시에는 제공할 때와 반대로 통로측 승객부터 회수하고 창측 승객이 식사를 일찍 끝내 오래 기다릴 경우 통로측 승객에게 정중히 양해를 구하고 회수한다.
- 회수한 Meal Tray는 Meal Cart의 상단부터 채워 나가야 한다.
- Meal Tray 회수 시에는 한 번에 한 개씩만 회수하고 많은 양을 포개어 회수하지 않는다.
- 기내의 모든 Tray 방향은 긴 쪽(장축)이 복도와 평행되도록 잡는다.
- 회수 시 부피가 크거나 무거운 용품은 몸 안쪽으로 놓는 것을 원칙으로 한다.
- 일반석 Meal Tray 회수 시 타월(냅킨, 페이퍼타월, 면타월, Refreshing Towel)을 준비하여 필요한 경우 승객의 Meal Table을 닦아 드려야 한다.

기내 취식 불가 음식, 특별식(Special meal)의 이해

1. 기내 반입 및 취식 불가 개인 휴대 음식

기내에서 근무하다 보면 적지 않은 승객들이 자신이 가져온 음식물을 취식하는 경우가 발견되며 특히 일본인 단체승객은 구운 김, 한국인 단체 여행객인 경우 개인선호 반찬을 직접 만들어 가져와 동료들과 함께 취식하는 경우가 대단히 많이 발생되고 있다. 물론 승객 자신이 집에서 위생적으로 직접 만들어와 취식하는 것이 무슨 잘못이냐고 반문할 경우도 있지만 이는 극히 개인적인 생각이며 식음료를 제공하는 항공사 및 공공위생 입장에서 본다면 외국인 승객이 싫어하는 냄새는 물론 승객이 적절하게 조리되지 못한 음식을 기내식과 함께 취식하고 비행 중 위급한 질병이 발병하는 하는 경우 어쩔 수 없이 비행 중인 항공기를 임시로 착륙시켜 발병한 승객을 치료하고 Care하게 된다. 이러한 일련의 과정에서 탑승한 모든 승객과 항공사에 시간적, 금전적인 큰 손해를 입히는 경우가 발생하며 함께 탑승한 다른 승객과 승객 본인 그리고 항공사 보호를 위해 어쩔 수 없이 기내취식 불가음식 및 취식 가능음식에 관한 규정을 만들어 시행하고 있다.

- 승객의 위생과 보안 관련하여 승객이 개인적으로 휴대한 음식에 대해 취식가능 여부를 문의하거나 취식하는 경우 기내에서 불가함을 고지한다.

기내 취식 불가 품목

- 개인적으로 휴대한 라면, 햄버거, 김밥, 김치(볶음 포함), 통조림, 개인휴대 반찬(멸치 볶음, 고추장 볶음, 김, 장아찌 등), 냉장이 필요한 음식(케이크 등)을 드시는 승객에게는 위생 문제 및 냄새 관련하여 안내하고 취식을 제지한다.

- 자체 발열하여 음식을 데우는 파우치(비상식량, 전투식량 등) 음식을 드시려는 승객에게 기내 위험물 규정을 알려 드리고 취식 불가함을 고지한다.

당뇨환자의 펜타입 슐린 주사

- 승객이 개인적으로 소지한 음식 또는 약품을 냉장보관 요청 시 원칙적으로 기내에서 불가함을 공지한다. (당뇨환자의 펜타입 인슐린 제외)

2. 기내 반입 및 취식 허용 음식

- 변질 우려가 전혀 없고 개별 포장되어 있으며 취식 시 주변 승객의 불쾌감을 유발하지 않는 음식(초콜릿, 과자, 사탕)
- 유아의 보호자가 준비한 이유식, 또는 분유 제조용으로 뜨거운 물을 요청하는 경우

● Special Meal을 예약 시 요청했으나 탑재되지 않은 경우와 항공사에서 제공하는 Special Meal을 취식하지 못하는 경우는 개인휴대 음식물 취식이 가능하다.

3. Special Meal 개념 / 종류 /서비스 방법

Special Meal이란 건강과 종교상의 이유나 기념일 축하를 위해 항공 예약 시 특별히 주문하여 객실에 탑재, 서비스되는 식사로서 SHR^{(Special Handling Request,기}내 특별한 주문 및 승객사항을 기록하여 객실승무원이 참고로 하는 문서로서 비행이 종료되면 개인정보 보호를 위해 파기함. SSR-Special Service Request라고도 함)에 약어로 등재된다. 객실승무원은 담당구역의 스페셜 밀 주문승객에 대해 정확히 알고 있어야 하며, 탑재 및 기내 서비스에 문제가 발생하면 객실사무장/캐빈매니저에게 즉시 보고하여야 한다.

"심쿵^^ 스페셜밀 듀티": 객실승무원은 비행전날 객실사무장^(캐빈매니저)이 지정한 개인업무 배정에 의거 당일 비행에서 스페셜밀을 확인하고 제공 하게 되는 담당승무원을 맡게 된다. 스페셜밀 담당승무원은 컴퓨터를 통해 자신의 듀티를 확인하는 순간 "심~쿵"하며 객실브리핑 때부터 가슴이 답답하고 두근두근 하곤 한다. 왜냐하면 스페셜 밀이라는 것은 말 그대로 기내에서 제조하기가 쉽지 않아 지상확인, 승객확인, 제공시까지 적지 않은 수고와 책임이 수반되고 취급을 잘못하여 다른 승객에게 잘못 전달하고, 파손 되거나 잃어버리기라도 한다면 4만 피트 상공에서 정말 난감하기 때문이다.

앞에서 언급했지만 스페셜 밀을 주문하는 승객의 성향을 보면 1) 건강상의 문제 2) 종교상의 문제 3) 특수한 상황이 동반된 승객이 대부분이라 객실승무원 입장에서 보면 일반 승객과는 달리 보편화된 기내서비스 제공하기에 상당히 까다로운 승객임에는 틀림없다. 따라서 스페셜밀 담당승무원은 비교적 경력이 많은 객실승무원을 배정 하게 되며 개인에게 주어진 큰 책임감에 모든 승무원이 기피하고 선호하지 않는 기내업무라고 할 수 있다.

(1) 영·유아식 및 아동을 위한 식사(Infant Meal, Baby Meal, Child Meal)

❶ Infant Meal(IFML)

태어난 후 12개월까지의 영아를 위한 식사로서 아기용 액상분유와 주스를 말한다. IFML의 구성은 액상분유 1병과 아기용 주스 1병이다.

대한항공에서 제공하는 유소아용 생수. 참 아름다운 글귀가 적혀 있으니 모두 한 번씩 읽어 보도록 하자.

❷ Baby Meal(BBML)

태어난 후 12~24개월까지의 유아를 위한 식사로서 아기용 주스와 소화되기 쉬운 음식을 삶아서 갈아 놓은 형태를 말하며, 기제조된(Ready Made) 이유식을 말한다. BBML의 구성은 이유식 2병과 아기용 주스 1병이다.

❸ Infant/Child Meal(ICML)

태어난 후 24개월 미만의 유아를 위한 식사를 말하며, 신체의 발육이 빨라

서 어린이용 식사를 취식할 수 있는 경우에 제공한다.

식사의 내용은 CHML과 동일하다.

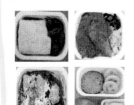

유아에게 소아식 제공
- Meal SVC 내용은 CHML과 동일
- 24개월 이하의 영유아에 해당하
  나 신체 발육에 빨라 CHML 취식
  이 가능한 경우, 해당 소아식 제공

❹ Child Meal(CHML)

만 2세 이상에서 만 12세 미만의 소아, 어린이를 위한 식사를 말한다.

한국 출발편에서는 햄버거, 스파게티, 오므라이스, 돈가스, 샌드위치, 김

밥이 탑재되고, 외국공항 출발편에서는 햄버거, 스파게티, 핫도그, 피자,

샌드위치가 탑재된다.

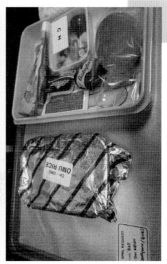

제공 메뉴

- 정의

  만 2세 이상 12세 미만의 어린이 고객에게 제공하는 어린이 메뉴

- 메뉴 종류

  - 한국 출발편 : Cycle 구분 없이 연간

    Hot Meal 4종 / Cold Meal 2종 운영

  - 해외 출발편(Meal Cycle 구별 없음)

    ICN 왕복 탑재 : 햄버거, 스파게티, 오므라이스, 돈가스

  - 현지 탑재 : 햄버거, 핫도그, 스파게티, 피자

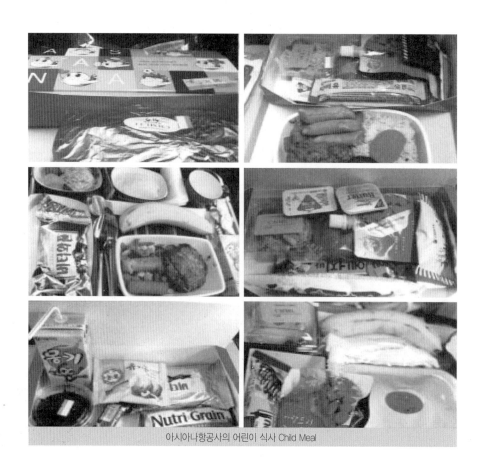

아시아나항공사의 어린이 식사 Child Meal

(2) 종교식

종교식이란 특정한 종교를 믿는 승객을 위해 사전 예약 주문대로 제조하여 기내에 탑재된 기내식을 말한다.

❶ Hindu Meal(HNML)

비채식 인도인을 위한 식사로 소고기나 송아지 고기를 사용하지 않고 양고기, 가금류, 해산물과 생선을 사용하여 제조된 기내식을 말한다. 소고기, 송아지고기, 돼지고기, 날생선 및 훈제생선을 사용하지 않으나 양고기, 닭고기, 익힌 생선, 해산물, 우유제품은 사용한다.

❷ Moslem Meal(MOML)

이슬람의 회교율법에 따라 알코올, 돼지고기나 돼지의 부산물을 일체 사용하지 않고 제조된 기내식을 말한다. 무슬림의 할랄(HALAL) 방식으로 만들어지며 알코올, 돼지고기, 햄, 베이컨, 젤라틴이나 돼지의 부산물을 일체 사용하지 않고 쇠고기나 양고기, 닭고기를 할랄 방식에 따라 준비하여 사용한다.

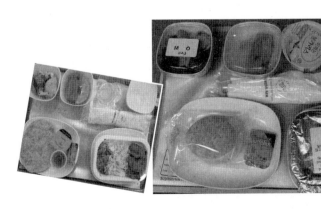

Tip

할랄(HALAL)이란?
과일 · 야채 · 곡류 등 모든 식물성 음식과 어류 · 어패류 등의 모든 해산물과 같이 이슬람 율법하에서 무슬림이 먹고 쓸 수 있도록 허용된 제품을 총칭하는 용어이다. 육류 중에서는 이슬람식 알라의 이름으로 도살된 고기(주로 염소고기 · 닭고기 · 쇠고기 등), 이를 원료로 한 화장품 등이 할랄 제품에 해당한다. 반면 술과 마약류처럼 정신을 흐리게 하는 것, 돼지고기 · 개 · 고양이 등의 동물, 자연사했거나 잔인하게 도살된 짐승의 고기 등과 같이 무슬림에게 금지된 음식을 '하람(haram)' 푸드라고 한다.

❸ Kosher Meal(KSML)

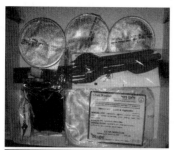

주로 이스라엘 국적 유대인 승객이 취식하며 유대교 율법에 따라 조리하고 기도를 올린 것으로 돼지고기를 사용하지 않고 소고기, 양고기를 사용하여 제조한다. 식기는 재사용하는 것을 금지하고 있어 1회용 기물로 사용하고 Sealing이 되어 있다. 유대정교의 신앙을 가진 승객을 위한 식사이며 유대교 고유의 전통의식을 치른 후 조리된 음식이고 어느 항공사든지 완제품을 구매하며 밀봉상태로 탑재하여 객실승무원이 승객의 허락을 득하고 개봉하여 제공한다.

(3) 야채식 [Vegetarian Meal(VGML)]

특정한 종교나 지역의 승객들이 주로 이용하는 기내식으로 일반인이 보기에 제조 과정이 어렵게 되어 있고 내용물 및 이름도 특이하니 잘 파악해 두는 것이 필요하다.

❶ Vegetarian Vegan Meal(VGML)

육류, 어류, 동물성 지방, 젤라틴, 계란, 유제품, 꿀을 사용하지 않는 엄격한 서양식 채식이며 일체의 생선, 육류, 육가공품, 동물성 지방, 젤라틴을 사용하지 않고 주로 곡류, 과일, 야채와 식물성 기름을 이용하여 제조하는 기내식을 말한다.

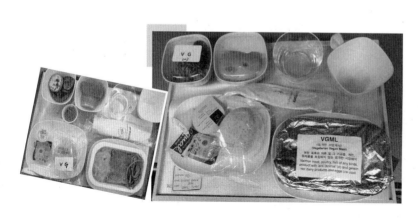

❷ Vegetarian Lacto-Ovo Meal(VLML)

모든 육류, 생선류, 가금류, 동물성 지방, 젤라틴을 사용하지 않으나 계란, 유제품은 포함된 서양식 채식을 말한다.

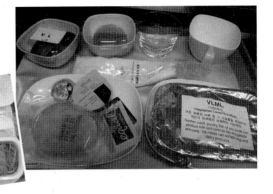

❸ Vegetarian Hindu Meal(AVML)

생선, 가금류를 포함한 모든 육류와 계란을 사용하지 않으나 유제품은 사용하여 제조된 기내식을 말한다. 따라서 모든 종류의 생선, 육류, 육가공품, 동물성 지방, 계란은 사용되지 않는다.

❹ Vegetarian Jain Meal(VJML)

모든 육류, 생선, 가금류, 유제품, 동물성 지방, 계란 및 양파, 마늘, 생강 등의 뿌리식품을 사용하지 않고 제조된 기내식을 말한다. 야채, 신선한 과일, 곡류, 콩류, 향신료, 시리얼(Cereal), 두부는 사용 가능하다.

❺ Vegetarian Oriental Meal(VOML)

생선류, 가금류를 포함한 모든 육류와 계란, 유제품을 포함하는 모든 동물성 식품은 사용하지 않으나 야채, 신선한 과일을 사용하고 양파, 마늘, 생강 등의 뿌리식품은 사용 가능한 중국식으로 제조한 동양식 채식이다.

❻ Raw Vegetarian Meal(RVML)

카페인, 방부제, 중독성 가공식품을 사용하지 않고 생과일, 생야채를 사용하여 제조한 기내식을 말하며, 생야채 채식주의자에게 제공하고 유제품과 빵류는 취식 가능한 채식을 말한다.

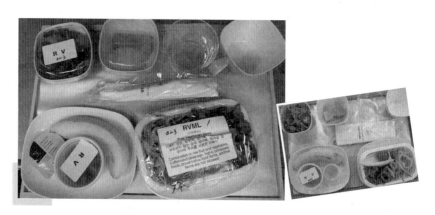

(4) 건강 조절식

❶ Low Fat Meal(LFML)

콜레스테롤이 높은 고지방 육류, 계란, 농축된 육수, 갑각류 등을 사용하지 않고 저지방 육류, 생선 등을 사용하여 조리한 기내식을 말하며, 조리

시 기름에 튀기거나 볶는 대신 찜이나 굽는 방
법을 사용한다. 관상 심장질환, 고지혈증, 동
맥경화증 환자를 위한 식사이며 지방 섭취량
을 100g, 당 3g, 포화지방 섭취량 100g으로 제
한한다. 고섬유질 빵과 시리얼, 과일, 채소는
함께 제공 가능하다.

❷ Diabetic Meal(DBML)

열량, 단백질, 지방 섭취량을 조절하고 식사시간에 따른 식사량을 배분해
주며 포화지방산의 섭취를 제한한 식사로 주로 당뇨병 있는 승객이 취식
한다. 저지방 유제품, 정제되지 않은 곡류가 함유된 빵, 밥 및 시리얼 제품
으로 구성되어 있고 껍질을 제거한 가금류, 육류 살코기, 고섬유질 음식은
취식 가능하다.

❸ Low Calorie Meal(LCML)

칼로리 제한 식사를 원하는 비만환자나 체중조절을 목적으로 열량을 제한
한 기내식을 말하며, 한끼
당 400칼로리 미만의 저지
방, 고섬유식 음식을 의미
한다. 지방함량이 적은 육
류, 저지방 유제품, 과일,
채소류를 제공하며 튀기

는 조리법을 사용하지 않고 고지방의 디저트나 소스류를 제한하는 기내식을 말한다.

❹ Bland Meal(BLML)

유동식을 말하며 소화기능이 저하된 승객과 위장장애, 수술한 환자 승객에게 소화되기 쉽도록 만들어진 기내식을 말한다. 튀긴 음식, 강한 향신료, 가스를 유발할 수 있는 야채 및 기름기 많은 음식을 제한하나 껍질을 제거한 가금류, 육류살코기, 고섬유질 음식은 섭취 가능하다. 일반적으로 항공사에서는 죽을 제공하고 있다.

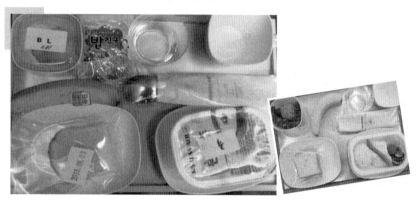

❺ Gluten Intolerant Meal(GFML)

식재료 내의 글루텐 함량을 엄격히 제한한 글루텐 민감성 환자를 위한 식사를 말하며, 글루텐 함량이 많은 밀, 보리, 호밀, 귀리, 맥아를 사용하지 않고 쌀, 감자, 고구마, 옥수수, 콩을 사용하여 제조한 기내식을 말한다. 두유, 유제품, 과일, 채소, 육류, 생선, 닭고기는 제공 가능하다.

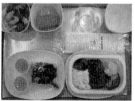

6 Low Salt Meal(LSML)

간질환, 심장병, 신장병, 심혈관질환자 및 염분이 제한된 식사를 원하는
승객에게 제공하고 하루 염분 섭취를 100g당 120mg 이내로 제한한 식사
를 말하며 훈제, 염장제품을 사용하지 않고 모든 소스도 염분량을 고려하
여 제조된 기내식을 말한다. 토마토 케첩이나 머스터드 같은 제품도 아울
러 제한하나 재료 내 염분량을 고려하여 허용범위 내에서 사용 가능하다.

7 Seafood Meal(SFML)

생선과 해산물을 재료로 하여 곡류, 야채, 과일이 함께 제공되는 기내식을
말하며, 주로 동남아시아 지역
승객이 주문한다.

8 Fruit Platter Meal(FPML)

신선한 과일로만 제조된 기내식을 말한다.

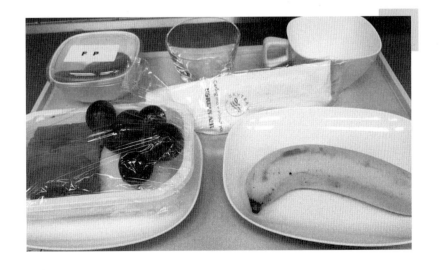

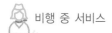
❾ Anniversary Cake^(SPMA)

지름 11cm의 기념케이크이며 생일, 허니문 등과 같이 특별한 날을 기념하고 축하하기 위한 케이크를 말한다.

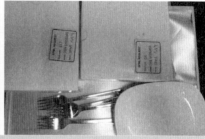

기내에 탑재된 SPMA-박스를 벗기면 아래에 작은 케이크가 들어 있음

허니문 케이크-인천/김포/부산/제주에서 출발 시 제공.
지름 11cm

Birthday Cake-인천/김포/부산/제주에서 출발 시
제공. 지름 11cm

(5) Special Meal 제공방법

- 기내식 탑재점검 담당 객실승무원은 케이터링 직원과 Special Meal 인계인수 후 탑재내역을 객실관리자/캐빈매니저에게 보고한다.

- 객실관리자/캐빈매니저는 승객 탑승 완료시점에 제공되는 SHR·SSR 상의 Special Meal 내역과 대조하여 재확인하며 Special Meal이 탑재되지 않았을 경우 케이터링 담당직원에게 요청하여 조치한다.

- 승객 탑승 완료 후 갤리담당자^(Galley Duty Crew)는 SHR·SSR을 참조하여 Special Meal 주문 승객에게 내역을 확인하며 Special Meal Tag를 승객 좌석과 Special Meal Tray에 부착한다.

- Special Meal은 항공사별로 상이하지만 KE에서는 객실관리자가 직접 제공하는 것을 원칙으로 한다. 단, 시간이 많이 소요되어 서비스가 지연될 경우 담당자와 역할을 분담한다.

- Special Meal은 일반 기내식보다 먼저 전달하여야 하고, 제공 시 주문 승객과 일치하는지 재확인하며 음료 및 와인도 동시에 제공되어야 한다.

- Kosher Meal(KSML)은 종이박스에 포장되어 스티커가 부착되어 있으며 제공하기 전 주문한 승객에게 박스의 Sealing 상태를 보여드린 후 승객의 동의를 얻어 개봉하고 가열하여 제공한다.

- Child Meal은 서비스 전 내용물의 구성상태를 점검하고 사전 주문받은 음료수와 동시에 제공한다. 어린이가 다수인 경우 내용물이 상이할 수 있으므로 반드시 내용물과 주문내역을 재확인하여야 한다.

- Baby Meal은 Tray상의 랩(Rap)을 완전히 제거한 후 일회용 타월과 함께 제공하며 Cutlery가 준비되어 있지 않는 경우 Tray 위에 냅킨을 깔고 티스푼, 빨대를 함께 제공한다.

(6) Special Meal이 탑재되지 않았을 경우 조치방법

- 승객이 사전 주문한 Special Meal이 탑재되지 않았을 경우 담당 객실승무원은 승객에게 정중히 사과한 후 객실관리자/캐빈매니저에게 보고하여 추후 재사과할 수 있도록 한다.

- 객실승무원의 잘못으로 일반 승객에게 Special Meal이 오전달되었을 경우 승객 취식 전일 경우에는 Special Meal을 즉시 회수하고 일반 식사로 제공한다. 승객이 보는 앞에서 회수한 Special Meal을 원래 주문한 승객에게 다시 재전달하지 않고 사과와 함께 가장 비슷한 대체 식사를 고려해 보아야 한다.

- 예약한 승객의 Special Meal이 탑재되지 않았을 경우에는 승객의 양해를 구하고 의향을 물어보아 가장 비슷한 대체 식사를 제공하여야 하며, 중간 기착지에서 환승할 경우 사전에 연락하여 다음 구간에서 정확히

탑재될 수 있도록 해야 한다.

- 권유 가능한 대체 음식을 권유하되, 승객이 선택한 음식에 한해 제공하며 객실승무원 임의대로 조리 및 가공하지 않는다.

주의 종교식, 야채식, 식사조절식의 경우 소스, 드레싱, ready made 식품은 현장에서 원재료의 성분 파악이 용이하지 않으므로 권유 지양. 소스, 드레싱은 lemon wedge, slice로 대체 권유 가능

영유아식과 아동식

① 양념이 강하지 않고 부드러운 질감의 주요리, 빵, 과일 및 Dessert, 주스류 권유
② 생후 12개월 미만의 영아에게는 생우유를 권하지 않도록 주의

종교식

참고

ICN : 인천
BOM : 인도 뭄바이
CAI : 카이로
DXB : 두바이
IST : 이스탄불
CGR : 자카르타
DPS : 발리
KUL : 쿠알라룸푸르

① HNML : 쇠고기(송아지고기 포함), 돼지고기, 날 생선 및 훈제 생선 취식 불가
　　　　 금기 식재료를 제외한 음식물을 준비하되 내용물을 소개하며 권유
　　　　 ICN-BOM-ICN 노선에서 탑재되는 현지식(인도식)은 HNML로 제공 가능
② MOML : 원칙적으로 회교 율법에 따라 제조된 기내식만 취식 가능하며 돼지고기 및
　　　　 부산물, 알코올 취식 불가
　　　　 CAI, DXB, IST, CGK, DPS, KUL에서 탑재된 양식은 MOML로 제공 가능
③ KSML : 유대교 율법에 따라 제조된 기내식(KSML)이 없는 경우 대체 가능 식사는 없
　　　　 으며, 조심스럽게 일반식에 대한 안내를 하고 취식 의사를 파악하여 요청에
　　　　 따라 제공

야채식

① 뿌리채소(양파, 마늘, 생각, 당근), 유제품, 계란의 취식 여부를 대화를 통해 우선 파악 필요
② 승객과의 대화를 통해 파악한 것 중, 기내에서 확보 가능한 음식(채소, 과일류 위주)을 권유

식사조절식

① 개인의 건강 상태에 따라 식이조절을 해야 하는 경우로서 대체 기내식 준비가 어려움
② 채소, 과일류 위주의 식품을 우선 안내하되 반드시 승객의 선택에 따라서만 제공

기타 특별식

① 특별식 주문 내용과 목적 우선 파악(기념, 축하 등)
② 누락된 SPML의 주문 목적에 맞는 대체 식사 및 서비스 제공(샴페인, 케이크 등)

기내식 제공하기 (Ⅱ)

단거리/중 · 장거리 기내식 서비스 절차

Chapter

06

기내식
제공하기
(Ⅱ)

**수행
준거**

● 객실 서비스 규정에 따라, 기내에서 제공되는 식사를 위한 세팅(Setting) 및 데우기(Heating) 등을 수행할 수 있다.

● 특별서비스요청서(SSR: Special Service Request)에 따라 특별식을 확인 후, 서비스 및 회수할 수 있다.

● 객실 서비스 규정에 따라, 승객 선호를 확인하여, 테이블 매너에 따른 기내식을 서비스 및 회수할 수 있다.

01 단거리 노선 일반석 서비스 순서

FSC(Full service carrier), LCC(Low cost carrier)항공사의 비행 패턴을 보면 단거리, 중거리, 장거리 패턴으로 나뉠 수 있으며 모든 항공사가 비행기의 회전율과 많은승객, 짧은 구간으로 인해 수익이 많이 발생하는 단거리 노선에 집중하는 것을 볼 수 있다. 대부분의 항공사에서 단거리 노선은 2시간 내외의 비행시간을 의미하며 객실승무원 입장에서 보면 짧은시간 내에 지상업무, 안전업무, 기내서비스업무, 면세품판매업무 등 많은 업무를 동시에 처리해야 하므로 정확한 업무지식, 서비스 스킬(Skill)을 소지하지 않으면 같이 비행하는 동료, 탑승승객에게 적지 않은 불편을 끼칠 수 있다. 따라서 항공사 객실승무원 사이에서는 단거리 노선을 "퀵 서비스(Quick service)"로 규정하여 호칭하는 경우가 있고 비행전, 중, 후 업무로드(Work load)가 많이 발생하여 힘들게 생각하는 경우가 대부분이다.

단거리 노선에서 제공하는 기내식은 노선이 동일하지만 항공사 별로 차이가 있을 수 있다. 따라서 항공사 사정에 따라 전략적으로 COLD MEAL과 HOT MEAL 서비스 노선으로 나뉠 수 있고 서비스 가용시간이 장거리 노선에 비해 현저히 짧음을 감안하여 아래의 설명하는 업무를 숙지하고 사용하는 용어를 확실히 이해하여야 한다.

1. Cold Meal(가열하지 않은 기내식-2시간 이하 단거리)

플라스틱 컵 ····· 된장국(미소시루 용기) ····· 커피, 차용 Tray

커피 Pot ····· 머들러 세트

대한항공에서는 2019년 10월부터 모든 노선 땅콩서비스를 제공하지 않는다.

Cold Meal 서비스 순서

Cold Meal with Soup, Hot and Cold Beverage

▼

기내식 회수(Meal Tray Collection) 및 음료수 Refill

▼

Aisle Cleaning

Cold Meal 서비스 시 주의점

- 가열하지 않은 식사를 제공함과 동시에 뜨거운 Miso Soup(일본식 된장국), 커피, 차 또는 음료수를 함께 서비스한다.

☑ Miso Soup(일본식 된장국) 서비스 시 주의점

① 갤리에서 Coffee Pot에 분말 형태의 Soup 8 pack과 뜨거운 물을 8부 정도 부은 뒤, 내용물이 가라앉는 현상을 방지하기 위해 잘 저어준다.

② Meal 제공 시, Soup을 용기에 부어 승객이 저을 수 있는 머들러(Muddler)와 함께 제공하며 뜨거운 국으로 승객이 화상을 입지 않도록 안내한다.

③ Meal과 Soup 제공 후, 밀 카트 상단에 준비된 음료를 주문받아 서비스한다.

④ 회수 시에는 밀 카트 상단에 음료를 준비하여 Refill한다.

- 기내식을 회수하는 과정에서 커피와 차의 Refill을 실시한다.
- 비행시간이 짧은 관계로 매우 바쁘므로 Meal Skip에 각별히 유의하여야 한다.
- 비행시간이 짧은 관계로 식사 제공 시 Tray를 던지듯 놓지말고 공손하게 서비스한다.
- 상기 비행구간에는 오븐 미장착 항공기가 투입될 수 있다.
- Box Meal Type 경우 회수 시 무리하게 쌓으면 무너질 염려가 있으니 지양하도록 한다.
- Meal Skip : 승무원이 바쁜 관계로 다음 순서의 승객에게 식사를 제공하지 않고 깜박 잊어버리는 현상

2. Hot Meal(2시간 초과 단거리)

> ### Hot Meal 서비스 순서
>
> Hot Meal with Cold Beverage
>
> ▼
>
> Hot Beverage
>
> ▼
>
> 기내식 회수(Meal Tray Collection) 및 음료수 Refill
>
> ▼
>
> Aisle Cleaning

대한항공에서는 2019년 10월부터 모든 노선 땅콩서비스를 제공하지 않는다.

❶ Hot Meal Service 준비

가열된 기내식 Entree를
오븐에서 꺼내는 저자

Hot Meal Service 준비 시 유의사항

- 비행시간이 촉박하므로 항공기 출발 직전 기내식 Entree 가열을 시작한다.
- Meal Cart 상단 Drawer 내부에 각종 음료(생수, 오렌지주스, 콜라, 맥주, 소금, 후추, 고추장, 녹차 또는 우롱차, 플라스틱 컵, Small Tray)를 준비한다.
- C-pet Casserole/Film 포장 Hot Meal을 사용하는 경우에는 Meal Cart 바깥쪽 Tray에만 Entree를 세팅하고 안쪽은 그대로 두며 안쪽의 Entree는 Drawer를 이용하여 Meal Cart 내에 보관하여 승객 서비스 직전 Entree를 집어 Tray 위에 세팅하여 제공한다. Film 포장 Hot Meal도 서비스 방법은 동일하다.

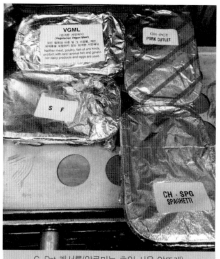

C-Pet 캐서롤(알루미늄 호일 사용 앙뜨레)

C-pet이란? 기존에는 도자기를 이용하여 Entree를 담았으나 항공기의 경량화, 위생적인 면을 고려하여 일회용 알루미늄 코팅 재질로 만든 Casserole이 사용된다. 다만, 항공기의 경량화에는 성공했지만 외부 충격에 견디는 힘이 예전만 못해 보관이나 취급 시 유의해야 하며 Film 포장 Hot Meal로 대체 중이다.

Film 포장 Hot Meal이란?
2013년도부터 사용하기 시작한 일반석 기내식 Entree 포장 방식으로 위생처리되고 열에 강한 일종의 강한 랩을 Entree 위에 붙여 사용하는 것으로 지금까지는 일반석에서 알루미늄 포일 대신 사용해 왔다. Film 포장 앙뜨레는 플라스틱 캐서롤을 사용하며 요즘 일반석의 모든 Entree는 Film 포장으로 진화하고 있다.

앙뜨레(Entree) : 영어로 Entrance의 뜻을 가지고 있으며, 고대에서는 통째로 찜, 구이를 한 고기를 식사의 처음 코스로 제공하였다. 따라서 '처음 요리'라 하여 Entry(입구)가 Entree의 뜻으로 쓰이게 되었고 요즘에는 중심요리가 된 것이다.

필름포장 생선 앙뜨레

필름포장 소고기 앙뜨레

필름포장 앙뜨레에는 우측 하단에 메뉴표기가 되어 있다.

❷ Hot Meal Service 제공 (2시간 이상 단거리)

INC/TPE 구간
Hot Meal Service하는 저자

Hot Meal Service 제공 시 유의사항

- 객실승무원 2인이 서비스할 경우 Meal Cart는 승객 좌석 6열을 기준해서 중간열에 정지시키고 각자 승객의 앞쪽에서 식사와 음료를 신속히 제공한다. 단, 1인이 혼자 서비스할 경우 3열 단위로 이동시킨다.
- C–PET, 필름포장형 Entree가 사용되는 경우 기 세팅한 바깥쪽 Meal Tray부터 서비스하고 안쪽의 빈 Tray는 Cart 내 Drawer에 보관되어 있는 Entree를 집어 Meal Tray 위에 손으로 세팅하여 제공한다.
- 콜라는 냉장된 상태로 얼음을 넣지 않고 제공한다.
- 뜨거운 음료는 승객 컵의 7부 정도 따라 주며 화상 입지 않도록 각별히 주의한다. 만일 승객 Tray에 컵이 준비되어 있지 않은 경우에는 종이컵을 이용하여 제공한다.
- 2인 1조일 경우 후방의 승무원은 Meal Tray 배포를 전담하고 전방의 승무원이 음료수와 Hot Beverage를 담당하여 서비스한다.

* 가열하여 뜨거운 식사를 제공함과 동시에 음료수를 함께 서비스한다.
* 기내식을 회수하는 과정에서 커피와 차의 Refill을 실시한다.
* 비행시간이 짧은 관계로 바쁘므로 Meal Skip에 각별히 유의 하여야 한다.
* 비행시간이 짧은 관계로 식사 제공 시 Tray를 던지듯 놓지 말고 공손하게 서비스한다.

❸ Hot Meal Service Meal Tray 회수

Hot Meal Service Meal Tray 회수 시 유의사항

- Meal Cart 상단에 냅킨, 생수, 오렌지주스, 맥주, 콜라, 커피, 커피크림, 설탕, 녹차 또는 우롱차, 플라스틱 컵을 준비한다.
- Meal Tray 회수 시에는 담당구역별로 1명씩 빈 컵이나 캔 그리고 부피가 많이 나가는 쓰레기를 먼저 수거한 후 Cart를 이용하여 Meal Tray를 회수한다.
- 회수 시 승객의 Table이 깨끗하지 않은 경우 준비된 냅킨, 타월로 닦아야 한다.
- 청결을 위한 복도 점검 시 수거하지 못한 Meal Tray가 없는지 다시 한 번 확인해야 한다.

ICN/TPE 구간 Meal Tray 회수 Cart

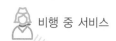
 중·장거리 노선 일반석 1st 서비스

중·장거리 노선은 FSC^(Full service carrier)항공사 각자 가장 자랑하고 싶어 하는 기내서비스를 제공한다. 사실 해당 항공사의 기내서비스 품질은 중·장거리 노선에서 차별화 될 수 있다고 보며 승객이 항공사의 서비스 평가를 내릴 수 있는 중요한 노선이다. 따라서 FSC^(Full service carrier)항공사는 허용할 수 있는 범위 내에서 항공사 자신을 가장 잘 나타낼 수 있는 기내서비스를 제공하게 되며 비교적 서비스 능력이 우수한 객실승무원을 편조^(Scheduling)하고, 양질의 식음료를 제공하게 된다. 다음에서 설명하는 기내 식음료 서비스는 국내 대형항공사인 KE 항공 일반석을 중심으로 하여 설명하기로 한다.

본 교재에서 일반석만을 규정하여 설명하는 이유는 현재 4년제 대학, 2년제 전문대학, 2년제 학점은행제 항공서비스과에서 학습하는 예비승무원이 항공사에 입사하게 된다면 대략 약 5~6년 동안은 일반석 근무만을 하게 되고 상위클래스로 이동하려면 이후 항공사별로 마련된 "상위클래스 서비스 특별교육"을 이수하게 된다. 따라서 상위클래스 근무까지 너무나도 충분한 시간이 있기 때문에 굳이 상위클래스에 대한 서비스절차 및 기물은 소개하지 않도록 한다. 또한 2017년 상반기부터 아시아나항공과 대한항공 기내식 서비스순서에서 달라진 점이 있다면 1st 기내식 서비스 전 타월과 음료서비스를 제공하지 않고 기다리는 승객을 위해 바로 기내식과 음료를 서비스한다는 것이다.

즉 이륙 후 기내식 Cart를 준비하고 Cart 상단에 모든 음료수 및 와인을 세팅하여^(아시아나항공에서는 승무원 용어로 카탑-Car top 라고한다) 음료+기내식을 동시에 제공하게 되었다. 기내식 서비스 전 Aperitif^(식전음료)제공은 원래 대한항공과 아시아나에서 십수년 동안 해왔던 관행이었으나 식사 전 시장한 승객이 음료 한 잔 들고 1시간 이상씩 기다리게 하는 것이 이치에 맞지 않고 승객의 불만이 끊임없이 제기되어 2017년 상반기 1st 기내식 서비스 전 타월과 음료 서비스를 과감히 없애버렸다. 대한항공에서는 2019년 10월부터 모든 노선 땅콩서비스를 제공하지 않는다.

서비스 순서

비행 편의용품(Amenity Kit, 헤드폰)서비스

▼

기내식 서비스(Meal Tray) + 음료 + 와인

▼

Coffee + Tea 제공(Hot Beverage)

▼

기내식 회수(Meal Tray Collection)

▼

Aisle Cleaning

✈ 식사 시간대 별 기내실 명칭-KE 기준

식사 시간대별 기내식 Type	기내식 제공시간
Breakfast(아침식사)	04:00~09:00
Brunch (브런치, 아침 겸 점심식사)	09:00~11:00
Lunch(점심,중식)	11:00~14:00
Light Meal(가벼운 식사)	14:00~17:00
Dinner(석식, 저녁식사)	17:00~22:00
Supper(밤참)	22:00~24:00

 03 사진으로 이해하는 중 · 장거리 노선 일반석 기내식 음료 서비스 절차 및 유의점

❶ 비행 중 편의용품(Amenity Kit, 헤드폰) **제공**

국제선 중 장거리노선 일반석에 제공되는 헤드폰

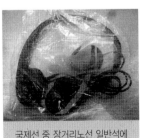

중 · 장거리 노선에서 제공하는 일반석 Amenity Kit

기내 서비스 방법 및 유의점

- Amenity Kit 내용물 : 칫솔, 치약, 슬리퍼, 안대
- 비행기가 고도 안정 후 서빙 카트(Serving Cart)를 이용하여 제공한다.
- 서비스 방법은 서빙카트 위에 Drawer를 놓아 Amenity Kit을 채운 후 각 Zone별로 제공하고 남은 것은 따로 보관하여 재사용할 수 있도록 한다.
- 일인당 1개가 원칙이나 필요 시 추가로 제공할 수 있으며 서비스 후 포장용 비닐은 승객안전(복도 방치 시 미끄러질 수 있음)을 위해 반드시 회수한다.
- 기내 서비스 시 빠르게 서비스하면 던진다는 느낌이 들 수 있는 물건이므로 공손하게 제공될 수 있도록 노력한다.
- 편의용품(Amenity Kit)은 이륙 후 제공하게 되어 있으므로 무리하게 지상에서 승객 좌석에 미리 세팅하지 않도록 한다. 승무원은 미리 준비해 두는 습성이 워낙 강해 모든 준비를 한꺼번에 하려는 경향이 뚜렷하나, 조금 여유를 가지고 서비스에 임하는 편이 경험상 고객 불만을 훨씬 줄일 수 있었다.

❷ 비행 중 타월(Towel) 제공방법

작년(2017년) 4월까지 일반석 (EY/CSL)에서 중·장거리 기내식 서비스 전 일회용 타월 (Refreshing Towel)을 타월 바스켓에 담아 승객 개인에게 일일이 제공하였으나 현재 국내 FSC에서 일회용 타월은 승객의 편의를 위해 Meal Tray 위

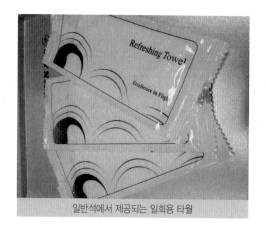

일반석에서 제공되는 일회용 타월

에 기내식과 함께 세팅되어 제공되어진다.

❸ 면 타월(Cotton Towel)

국내 항공사에서 제공하는 타월은 일회용 타월(Refreshing Towel)과 면타월(Cotton Towel)이 있으며 일반적으로 1st 기내식 제공시 일회용 타월이 Meal Tray 위에 기내식과 함께 세팅되어 제공되어지고 면타월(Cotton Towel)은 착륙 전 2nd 기내식 제공 시 가열하여 뜨거운 상태로 승객에게 제공된다.

일반석 Cotton Towel

타올에 뿌리는 방향제 - 타올집게 : 타월 통(Tong)이라 한다.

타월담는
타월 바스켓

일반석 면수건은 타월 바스켓에 담아 방향제를 충분히 뿌린 후 타월 통 – 'Towel Tong'으로 제공한다. Towel Basket, Spray, Towel Tong 모습

회수한 면타월을 이곳에 담아 목적지에서 케이터링 담당직원에게 인계한다.

일반석 면수건 회수한 모습-회수 후 전용수거봉투에 담아 일정장소에 보관하며 목적지에 도착 후 케이터링 관계자에게 인계한다.

기내 서비스 방법 및 유의점

- Galley 내 오븐을 이용하여 뜨겁게 가열한 후 위쪽에서 적정량의 방향제를 뿌린 후 제공한다.
- 제공 전 습기, 온도의 적정성을 확인하고 적량의 방향제를 뿌린다.
- 면타월은 서비스 전 Towel Basket에 30개 정도를 담는게 적당하며 초과되지 않도록 한다.
- 각 기종별 정해진 서비스 순서에 의거해서 제공한다.
- 손바닥으로 Towel Basket의 하단을 받치고 타월 Tongs를 이용하며 둥글게 말아진 초기 형태를 그대로 제공해야 한다(승객 앞에서 털거나 입으로 부는 행위 금지).
- 회수 시에는 갤리 내 장착된 타월전용 수거함에 넣거나 비닐백에 넣어 빈 Cart에 보관한다.
- 일반적으로 면 타월은 두 번째 식사 전 서비스함이 원칙이며, 이때 객실승무원이 제일 피곤할 때가 아닌가 생각된다. 따라서 서비스하는 객실승무원은 뒤나 앞에 있는 갤리를 두 번 왔다갔다 해야 되는 관계로 한꺼번에 다량의 타월을 가지고 나가 서비스하는 경향이 있어 미관상, 안전상의 문제가 제기된다. 조금 피곤하더라도 적정량만 바스켓에 담아 서비스하는 깔끔한 모습이 요구된다.

☑ Nuts Basket and Beverage Tray^(음료 Cart를 운영하지 않고 Tray로 제공하는 음료 : 주로 두 번째 기내식 제공 시 사용한다)

Nuts Basket and Beverage^(Tray Base)란 기내식 제공 전 땅콩을 Basket에 넣

어 제공한 후 음료수를 Tray Base로 제공하는 형태를 말하며, 저녁 19시
이후 1st meal 제공 시와 식사 서비스가 없고 음료만 제공 시 또는 중거리
노선중 비행시간이 3시간 이하인 경우 서비스한다.

 제공방법

❶ 국제선 기내 땅콩

(Peanut)을…

포장 뜯는 위치
(미국산)

❷ 바스켓(Basket)에 가득 담고 냅
킨(Napkin)과 함께 서비스하며

❸ 갤리에서 미리 준비한 음료를 제공한다.

Nuts Basket and Beverage(Tray Base) 서비스 시 유의점

- 빵바스켓(Bread Basket)에 땅콩을 적정량 준비하며 한쪽에 냅킨을 세팅한다.
- 음료수는 큰 트레이(Large Tray)에 플라스틱 컵을 준비하고 오렌지주스, 파인애플주스, 생수를 종류별로 따라 준비한다.
- 큰 트레이(Large Tray) 한쪽에 냅킨을 준비하되, 항공사 로고가 승객 쪽에서 잘 보일 수 있도록 세팅한다.
- Nuts Basket을 먼저 제공하고 곧바로 음료수를 제공하며, 음료수는 땅콩을 제공한 순서와 동일하게 제공한다.
- 음료수가 준비된 Large Tray는 냅킨이 놓인 쪽이 승객 쪽으로 향하도록 하고, 승객이 음료를 집은 후 바로 냅킨을 집을 수 있도록 권유한다.
- 음료수가 별로 남지 않은 Tray는 바로 Galley로 가져와 새것으로 교체하여 승객의 선택이 원활해지도록 해야 한다(마지막 한 잔까지 강요하듯 제공하지 말고 적정량 소비 후 갤리에서 새로운 음료로 교체하여 승객 선택의 폭을 넓힌다).
- 칵테일이나 위스키 등 준비 안 된 음료를 원할 경우 잠시 기다릴 것을 양해를 구하고 Galley에서 즉시 준비해서 제공한다.
- Soft Drink는 냉장한 후 컵에 얼음을 먼저 넣고 Soft Drink류를 넣어 제공한다.
- 회수 시에는 승객의 만족도를 확인하고 회수 여부를 물어본 뒤 치워야 한다.

☑ Beverage Tray란?

상기 Nuts Basket and Beverage Tray와 동일한 방법으로 서비스하나 땅콩 서비스가 생략된다.

오렌지 주스 ----

파인애플 주스 ----

구아바 주스
(생수로 대체할 수 있다.) ----

Large Tray ----

냅킨 ----

04 기내식 서비스

대부분의 국내 FSC(Full service carrier)항공사 중,장거리 서비스에서 명칭은 틀리지만 공통적으로 일반석 기내식 서비스는 1)Meal cart 상단준비, 2)Entree setting, 3)기내식 제공, 4)디저트(아이스크림–KE에서는 동남아 노선 중 중거리 노선만 제공. 5)뜨거운 음료(Hot beverage) 제공, 6)회수, 7)Aisle cleaning 순서로 진행되고 있으며 순서별로 준비요령, 주의사항, 서비스원칙에 대해 심도 있게 알아보도록 하자.

1. 기내식 Lunch, Dinner, Supper Cart 상단 준비

- 중 · 장거리 Lunch, Dinner, Supper Meal Cart 상단에는 화이트 와인, 레드 와인, 오렌지주스, Soft Drink류, 얼음, 플라스틱 컵, 고추장, 린넨, 소금, 후추, 서비스 스티커를 준비한다.

오렌지 주스

화이트 와인

레드 와인 　　생수　　　플라스틱 컵

얼음　　　콜라, 사이다　　여분 고추장　　밀 카트

미역, 된장국용 뜨거운 물

잘 정리된 기내식 Meal Cart 상단

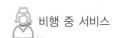

- 비빔밥을 서비스하는 경우에는 뜨거운 물을 Coffee Pot에 담아 서비스 직전 상단에 준비하며, Pot는 깨끗이 닦아 얼룩이 없는 청결한 상태를 유지하도록 한다.
- 비빔밥이 제공될 경우 외국인을 위해 비빔밥 안내지를 역시 Cart 상단에 준비한다.

2. 기내식 Lunch, Dinner, Supper Entree Setting 시 유의사항

Entree setting이란 승객에게 제공하게 될 가열된 육류, 조류, 생선 등의 주메뉴(Main menu)를 오븐(Oven)에서 꺼내 기내식 TRAY 위 지정된 곳에 올려 놓는 절차를 말한다. 이러한 절차는 주로 갤리듀티(Galley duty)로 지정받은 승무원이 시행하게 되며 객실사무장(캐빈매니저)은 비교적 서비스 경험이 풍부한 승무원을 갤리듀티로 지정한다.

항공기내 모든 승무원은 갤리듀티와 아일듀티(Aisle duty)로 지정되어 있으며 갤리듀티는 갤리업무 즉 서비스를 잘 할 수 있도록 뒷받침 해주는 업무이고 아일듀티는 승객과 대면하여 서비스를 제공하는 업무를 말한다. 일반적으로 갤리듀티는 경력자 시니어(Senior) 승무원을 배정하고 아일듀티는 비경력자 주니어(Junior)승무원을 배정한다.

- 모든 Entree는 가열방법에 의거해서 뜨겁게 가열한다.
- 하절기에는 기내식 보관 위해 기내식 Cart 위에 드라이아이스가 놓일 수가 있으므로 지나친 냉동을 막기 위해 객실승무원은 탑승 후 적정시점에 제거하여 음식물이 얼지 않도록 해야 한다.
- 가열된 Entree를 미리 세팅할 경우 승객 제공 시점에 식는 경우가 많으므로 적당한 시점에 세팅하여 지나치게 식은 기내식이 승객에게 제공되지 않도록 한다.
- 양식에 제공되는 빵은 적절하게 가열하여 전체적으로 따뜻한 상태를 유지해야 하며, 식사 서비스 제공 직전 카트 위에 세팅하여 식은 상태로 세

갤리에서 Entree를 오븐에서 꺼내 Meal Cart 내 승객 Tray에 세팅하는 저자

팅하여 식은 상태로 제공하지 않는다.

- Entree Setting 시에는 커튼을 잘 쳐서 승객에게 보이지 않도록 해야 한다.

- Entree를 포개 놓으면 모양이 변형되고 내용물이 눌리므로 포개어 놓지 않도록 한다.

- Entree를 절대 갤리 바닥에 놓지 않도록 한다.

- 훼손된 Entree 알루미늄 포일(Tin foil)은 완전히 제거한 후 새

기내식 Entree Setting을 기다리는 Meal Cart 내부. 정면으로 보이는 하얀색 플라스틱 캐서롤 위에 오븐에서 갓 꺼낸 Entree를 넣는 기내 업무를 Entree Setting이라 한다.

이곳 빈 플라스틱 접시 위에 뜨겁게 가열한 앙뜨레를 놓는다.

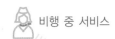
것으로 교환하도록 한다.

- Entree를 기울이면 국물이 새어나와 지저분해지므로 기울이지 않도록 노력한다.
- 냉장고가 장착된 기종에서는 Entree Setting이 끝난 후 Cart를 보관할 때 냉기가 남아 있지 않도록 유의한다.

Carry on Box에 위생적으로 탑재된 일반석 양식용 빵. 객실승무원은 기내식 제공 전 탑재된 빵을 오븐에 넣어 따뜻하게 Heating해야 한다.

빵을 포장한 비닐은 가열해도 녹아 붙지 않는 특수 비닐로 되어 있어 가열해도 무방하다.승객 Tray에 세팅하는 저자

3. 기내식 Lunch, Dinner, Supper 제공

기내식 제공은 승객이 제일 기다리고 설레이는 순간이라 할 수 있다. 항공기 내에서 기내식 제공은 일반적으로 객실승무원 한명 또는 두명으로 이루어져 기내식 밀카트(Meal cart)를 밀고 다니며 앉아있는 승객에게 원하는 메뉴를 안내하고 제공하게 된다. 기내식 카트는 1인용(Half cart)와 2인용 카트(Long cart)로 제작되어 있고 1인용 카트는 비교적 경력이 풍부한 시니어 승무원, 2인용 카트는 시니어와 주니어 승무원으로 배정되어 운용되며 각각 승객을 마주보는 위치에서 서비스 하게 되어 있다. 2인용 카트의 경우 아래 그림에서 볼 수 있듯이 주니어 승무원이 승객을 마주보는 위치에 배정되고 시니어 승무원이 승객에게 등을 진 상태로 서비스 한다. 기내식 서비스 도중 부족한 서비스 품목을 보충할 경우 갤리(Galley)에서 가까운 승무원이 갤리로 이동하여 서비스 물품을 가져오게 되어 있으나 자신의 경력을 고려하여 주니어 승무원이 자진하여 부족한 서비스 물품 보충을 전담하기도 한다.

기내식 Lunch, Dinner, Supper 제공 시 유의사항

- 일반 기내식보다 Special Meal 주문 승객에게 우선 제공이 가능하도록 준비한다.
- Special Meal을 제공할 때는 주문 승객을 확인하고 내용이 맞는지 재확인한다.
- 갤리듀티(Galley Duty) 승무원은 남은 기내식 Entree의 세팅을 완료하고 Meal Service에 가담하며 적정시점을 보아 Meal Cart 상단의 부족한 용품을 보충한다.
- 갤리 듀티(Galley Duty) 승무원은 담당구역, 각 Aisle의 진행 여부를 관찰하고 담당구역 내 모든 승객이 동시에 같은 서비스를 받을 수 있도록 조정해야 한다.
- 갤리 듀티(Galley Duty) 승무원은 Aisle 담당 승무원으로부터 Meal Tray 제공 완료 여부를 확인한 뒤 혹시 Meal Tray를 받지 못한 승객의 유무를 파악한다.
- Meal Tray를 제공할 때는 승객의 테이블을 펴고 식사의 종류, 내용, 조리법 등을 설명드린 후 식사 주문을 받아야 한다.

- Meal Cart는 승객 좌석 6열을 기준해서 중간열에 정지시키고 승객의 앞쪽에서 식사와 음료를 신속히 제공한다. 단, 1인이 혼자 서비스할 경우 3열 단위로 이동시킨다.
- 와인과 기타 음료는 Meal Tray를 제공함과 동시에 주문받아 즉시 제공한다.
- 기내식 서비스가 진행되는 동안 혹시 Skip되는 승객의 유무를 반드시 재확인하여야 한다.

비빔밥 안내지는 외국인을 위한 것이므로 영어와 일본어로 되어 있다.

국제선 Lunch, Dinner, Supper 비빔밥 서비스 시 외국인에게 제공되는 비빔밥 안내지

- 비빔밥이 제공되는 경우 Pot의 뜨거운 물을 된장국 또는 미역국의 Bowl(용기)에 즉시 부어 드리며 뜨거운 국물이 넘쳐 화상을 입지 않도록 각별한 주의를 기울인다.

- 비빔밥용 국은 Meal Tray를 서비스한 후 직접 승객의 Tray 위에 놓아 드리는 것이 원칙이나 안쪽, 또는 창측 승객인 경우 의향을 물어보아 Meal Tray와 함께 제공해도 된다.

- 비빔밥을 주문한 외국 승객에게는 비빔밥 안내지를 동시에 제공하고 간단한 설명을 곁들여 식사에 어려움이 없도록 한다.

  - 식사 제공 시 와인도 함께 권유하며, 기타 음료수는 원하는 승객의 위주로 제공한다.

- 와인 서비스 시 와인의 흘러 내림을 방지하기 위해 Wine Server를 입구에 꽂아 사용하며 Wine 서비스용 린넨을 다른 한 손에 준비한다.

- 고추장은 추가로 원하는 승객에게 제공한다.

- Meal Tray 제공이 끝나면 즉시 와인 Refill을 실시해야 한다.

일반석 중·장거리 노선 Lunch, Dinner, Supper 기내식의 종류(KE 기준)

한식 비빔밥

저칼로리 미인국수
샐러드와 함께 제공된다.

약 380kcal의 저칼로리 체중 조절용 식단으로 비타민, 단백질 등 필수 영양소를 균형 있게 섭취하도록 식단을 구성함

비빔국수 미주 동부 노선 비행 시 제공

오방색 떡국(설날)

치킨 카레밥

양식 생선 ENTREE

아시아나항공
일반석 비빔밥

일반석 양식 소고기

아시아나항공 일반석 쌈밥

일반석 양식 해산물

아시아나항공 일반석 묵밥과 소스

기내식 Meal Choice가 안됐을 경우 조치방법

인천공항에서 미주나 유럽으로 향하는 항공기 일반석에서 제공되는 기내식은 한식과 양식으로 나뉘고 대한항공의 경우 한식은 비빔밥과 국수 등을 사용하고(아시아나항공은 쌈밥, 묵밥 등을 사용), 서양식은 소고기, 닭고기, 생선을 사용하여 만든다. 사실 모든 승객이 원하는 기내식 메뉴를 부족함 없이 제공하는 것이 각 항공사의 목표이지만 개인마다 취향이 다른지라 기내식 제공시점에 승객 개인의 선호를 100% 만족시키기는 사실상 불가능하다. 물론 일반석 예약시점에 해당편의 메뉴와 조리법을 알려주고 예약을 받으면 가능하다고 하겠지만 장소와 시간에 따라 수시로 바뀌는 개인의 선호 음식을 길면 6개월 전 빠르면 한 달이나 15일 전 미리 정해두는 것도 약간 이치에 안맞는 방법인 것 같기도 하며 그 많은 승객에게 일일이 메뉴와 조리법을 알려주고 주문을 받는 것도 정말 쉬운 방법은 아닌 것 같다.

저자도 32년간 객실 사무장으로 근무하면서 쉽지 않은 업무 중에 하나가 기내식 제공시점인 것만큼은 틀림없고 모든 승무원들이 승객의 양해를 구하며 선택받지 못한 기내식을 제공하려는 노력과 인내는 겪어보지 않고는 상상하기 힘들지 않을까 한다. 따라서 원하는 기내식 메뉴를 제공받지 못하게 될 때 아래와 같은 조치를 시행하였으며 승객으로부터 매우 좋은 Feed Back을 얻었다.

☑ 원하는 기내식 메뉴를 선택하지 못하는 구역은 따로 있다.

일반적으로 일반석에서 1st 기내식을 제공하게 될 때는 일반석 제일 앞에서 뒤로, 제일 뒤에서 앞으로 진행하여 가운데서 함께 만나 끝내는 것을 원칙으로 한다. 따라서 기내식 Meal Cart가 서로 만나는 지역 부근에서 기내식 메뉴 선택이 매우 어려워지며 저자의 경험상 항공기 양측 날개쪽 부근 지역이 아닌가 생각한다.

따라서 객실승무원은 직업상 기내식 메뉴 선택이 어려워지는 구역을 사전에 알고 있으므로 탑승 시부터 그 구역의 승객들과 좋은 커뮤니케이션을 통해 친밀도를 높여 놓는 것이 매우 필요하다 할 것이다. 이러한 친밀도는 나중 기내식 서비스 제공시점에 '보이지 않는 큰 손(Invisible Hands)'으로 작용할 수 있고 심지어 동료 일행이 메뉴 선택을 못해 불평하는 경우 일행인 다른 승객까지도 나서서 말려 줄 수 있는 '매우 긍정적인 힘'으로 다가온다.

항공기 Meal Choice가 잘안되는 날개주변 승객의 짐을 들어주는 저자

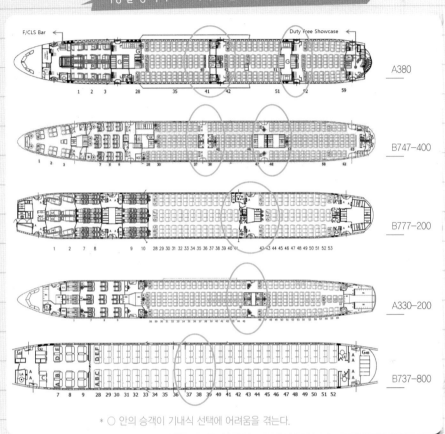

기종별 승객이 1ˢᵗ 기내식 선택이 비교적 어려운 장소

* ○ 안의 승객이 기내식 선택에 어려움을 겪는다.

☑ 기내식 메뉴 선택을 못한 승객에게는 일단 음료수나, 포도주, 땅콩 그리고 Basic Meal Tray부터 제공하여야 한다.

저자의 경험으로 본다면 모든 기내 승객들은 다른 승객이 식사를 하고 있는데 본인 Table에 아무것도 없이 무작정 기다리는 것을 정말 못참아 한다. 그때 기다리는 시간은 1분이 10분 정도로 긴 시간이라 생각하지 않을까?

따라서 승무원이 승객이 원하는 기내식을 찾는 동안 음료수나, 포도주, 땅콩 그리고 기본 Meal Tray 위에 있는 식음료를 마시고 먹으면서 기다리면 마시고 먹는 자체가 화를 많이 누그러뜨릴 수 있기 때문에 약간의 시간이 지체돼도 괜찮다. 이러한 조치가 미리 이루어지지 않으면 나중에 승객이 원하는 식사를 제공해도 기분이 상해 안먹겠다는 승객이 대부분이고, 이는 바로 고객 불만으로 이어지게 되는 것이다.

Entree가 없는 Basic Tray위에 빵과 물 그리고 디저트가 있으니 기다리는 동안 즐길 수 있다.

이곳에 승객이 원하는 종류의 식사 앙뜨레가 제공돼야 하나 선택이 불가하여 일단 앙뜨레 없는 빈 트레이만 우선 제공한다.

원하는 기내식 선택을 못한 경우 취식을 할 수 있는 빵과 버터, 디저트, 생수, 전채요리, 후식 등을 제공(일반석)

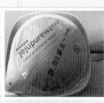

☑ 열심히 찾아보는 진지한 모습을 보이자

승객이 원하는 기내식 메뉴를 어차피 제공해 드리지 못한다는 것은 웬만한 근무경력 있는 승무원은 다 아는 사실이다. 기내식은 비율에 맞추어 탑재되는데 정해진 비율을 다 썼다면 시속 1,000km로 비행하는 기내에서 어찌 만들어 내겠는가? 한두 개 정도야 할 수 있다쳐도 날개 부근 모든 승객의 원하는 메뉴 기내식을 만들어 내는 것은 불가능하며 어차피 다시 가서 승객의 양해를 구해 다른 종류의 기내식을 권해야 하는바, 승객의 가시권에서 다른 업무를 하고 있는 것보다 이리저리 구해보고 앞뒤로 왔다갔다 하면서 진지하게 찾고 있는 모습을 보면 그제서야 승객들도 마음속으로 포기를 하고 있을 것이다. 이후 승객에게 다가가서 정중히 사과드리고 다른 기내식을 권하면 마지못해 양해하고 받아들이는 형식을 취하며 큰 불만 없이 마무리할 것이다.

> 만일 승무원이 상기의 방법을 다 시행했는데도 승객이 선택한 기내식 (한식/양식)을 계속 주장하는 경우에는
>
> ① 한식만 주장하는 경우 : 기내에 비교적 여유가 있는 햇반과 고추장 또는 라면을 권한다.
> ② 양식만 주장하는 경우 : 승객에게 시간적 여유에 대해 양해를 구하고 두 번째 식사 중 양식 Entree를 가열해 제공한다.

☑ 간식과 두 번째 기내식의 우선 선택권을 제공한다.

첫 번째 식사가 끝나면 두 번째 식사 제공 전 간식을 제공한다. 간식의 종류는 대한항공의 경우 막걸리쌀빵, 컵라면, 마블케이크, 브라우니, 새우깡, 피자 등 여러 종류가 있으므로 간식의 종류를 말씀드리고 개인당 한가지씩 선호하는 간식을 미리 받아 메모해 놓으며 어차피 두 번째 식사는 처음 서비스의 반대로 제공하게 되어 제일 먼저 제공하게 되지만 메뉴를 말씀드려 선택하게 한 후 승객 앞에서 메모하여 두 번째 식사 서비스 전 선 제공하면 어느새 승객의 입가에 빙그레 미소가 퍼지며 만족한 표정을 짓게 된다. 기내에 없는 건 활용할 수 없지만 있는 자원을 활용할 수 있는 좋은 방법인 것이다.

☑ **객실사무장/캐빈매니저에게 보고한다.**

객실/캐빈에서 일어나는 모든 사항은 객실사무장/캐빈매니저에게 보고해야 하지만, 특히 많은 승객에게 원하는 메뉴의 식사를 제공하지 못했을 경우 반드시 객실사무장/캐빈매니저에게 보고하여 회사에 건의하는 방식을 거쳐 비율이나 개수를 조정하는 방법을 취해야 한다. 승무원 한 개인은 이번 비행만 무사히 마치고 빠져나올 수 있지만 매일 반복되는 고객불만을 미연에 방지하고 원만한 기내식 Meal Choice를 위해 절대로 간과할 수 없은 부분

이며 기내식 메뉴 선택을 하지 못한 승객을 기록하였다가 항공기 Approching 전 담당구역 승무원과 객실사무장/캐빈매니저가 함께 가서 기내식 서비스 시 원하는 메뉴를 못드린 점에 대한 사과의 말씀을 드리면 거의 모든 승객이 만족하며 환한 웃음과 함께 맞아 줄 것이다.

객실사무장/캐빈매니저에게 상황을 보고한다.

4. 아이스크림(Icecream) 서비스 방법(동남아 중거리 비행에만 제공함)

아이스크림은 중거리 비행에 탑재되어 제공되며, 주로 동남아 구간에 탑재된다.

아이스크림(Icecream) 서비스 시 유의점

- 아이스크림은 항상 녹지 않도록 전용가방에 유의해서 보관한다.
- 식사 서비스 후 디저트 개념으로 제공하며 채식 스페셜 밀을 주문한 승객에게는 의향을 물어본 후 제공한다(동물성 지방으로 만들기 때문)
- 일반석과 상위 클래스의 아이스크림 종류가 상이하므로 섞어서 제공하지 않는다.
- 아이스크림 제공 순서는 식사 제공 순서와 동일하게 제공한다.
- 아이스크림용 스푼은 뚜껑 안쪽에 보관되어 있다.

KE 일반석 제공용 아이스크림

Hot Beverage 서비스(Breakfast/Brunch 제외)

Hot beverage 서비스는 일반석에서 기내식 제공 후 승객 개인별로 서비스하는 커피, 녹차, 홍차를 의미하며 조식 서비스(Breakfast service)에는 조식과 동시에 제공하고 그 외에는 기내식을 먼저 제공하고 승무원이 갤리에서 Hot beverage를 포트(Pot)에 준비한 후 스몰트레이(Small tray)를 사용하여 담당 구역별로 원하는 승객에게 제공한다. 일반적으로 기내에서는 주니어 승무원이 "차" 종류를 서비스하고 시니어 승무원이 "커피"를 전담하는 제도로 시행되고 있다.

 Coffee, Tea 제공(Hot Beverage)

승객의 화상을 방지하기 위해 뚜껑이 나선형으로 되어 있으며 손잡이와 뚜껑이 플라스틱으로 제조하여 그립(Grip)감이 좋고 기존의 Pot에 비해 상당한 보온력을 가지고 있다.(기존 Pot 비해 보온력이 좋은 나머지 찬물을 섞어서 제공하라는 업무지시도 있었다)

Hot Beverage 제공 위해 만들어지고 있는 일반석 원두커피

- 기내식 서비스가 끝난 후 실시한다.
- Coffee Pot, Tea Pot, Tea Bag, Sugar, 레몬 슬라이스
- Hot Beverage 서비스는 기내식 제공 순서와 동일하게 제공한다.
- Hot Beverage를 서비스할 때에는 Small Tray를 이용하여 승객의 잔을 건네받고 통로 쪽에서 따른 후 설탕, 크림과 함께 제공하며 승객이 직접 집도록 한다.

일반 녹차　　　　크림　　　　　　　　설탕　　　　　　현미녹차　　　홍차

Hot Beverage 서비스에 사용되는 녹차, 커피크림, 설탕, 홍차를 준비한 모습

- Tea 제공인 경우 뜨거운 물을 먼저 제공하고 Small Tray 위의 티백, 레몬슬라이스, 설탕, 크림을 집을 수 있도록 안내하며 승객의 화상방지에 신경써야 한다.

 06 Lunch, Dinner, Supper Meal Tray 회수

Lunch, Dinner, Supper Meal Tray 회수 시 유의사항

- Hot Beverage 서비스가 완전히 끝난 후 실시한다.
- Meal Cart 상단에 생수, 주스, 플라스틱 컵, 냅킨을 준비하며 사용한 컵과 캔의 회수용으로 별도의 Drawer를 준비한다.
- 식사를 빨리 끝낸 승객의 Meal Tray는 개별적으로 회수하며 식사를 끝내고 커피나 차를 계속 드시는 승객에게는 Meal Tray 회수 후 냅킨을 컵 아래 받치도록 권유한다.

- Meal Tray의 회수는 식사 제공 순서와 동일하게 실시한다.
  - Meal Tray 회수 시 승객의 Table이 깨끗하지 못한 경우 준비된 냅킨, 타월로 닦아야 한다.
  - Meal Tray를 회수할 때에는 회수한 Meal Tray를 Cart의 제일 윗부분부터 넣어야 한다.
  - Meal Tray 회수 시 취식에 대한 승객의 만족도를 확인하고 회수 여부를 물어본 뒤 치운다.
  - 청결을 위한 복도 점검 시 수거하지 못한 Meal Tray가 없는지 다시 한 번 확인해야 한다.
  - 이 시점이 승객들이 제일 화장실 사용에 대한 욕구가 많은 시점이므로 2/3 정도 회수하면 곧바로 화장실 점검에 착수해야 한다.

Meal Tray 회수한 Cart 모습

07 Aisle Cleaning

Aisle Cleaning(복도청결업무)이란 기내식 회수 후 담당 구역의 복도에 떨어진 음식 부스러기, 쓰레기, 오물 등을 청결하게 하는 절차이며 일반적으로 아일담당

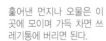
훑어낸 먼지나 오물은 이곳에 모이며 가득 차면 쓰레기통에 버리면 된다.

내부 모습

외부 모습

^(Aisle Duty) 승무원 즉 주니어 승무원이 담당하게 된다. Aisle Cleaning시 부스러기나 쓰레기가 많이 발생되는 아기동반 승객, 노약자 및 환자승객의 주위를 특히 신경 써서 청결하게 하여야 한다.

☑ **Aisle Cleaning 시 사용하는 솔 :** 바닥을 문지르면 과자나 땅콩 부스러기가 솔 안쪽으로 모이며 청결 업무가 끝난 후 뚜껑을 열고 쓰레기통에 털어 버리면 된다. 반드시 비닐 장갑을 끼고 사용한다.

중 · 장거리 노선 일반석 2nd 서비스

일반석 두 번째 기내식 서비스는 중거리 비행인 경우 Refreshments^{(샌드위치등 간} ^{편하게 취식할 수 있는 기내식)}, 장거리 비행인 경우 일반적으로 조식^(Breakfast)을 의미하는 경우가 많다. 특히 장거리 비행인 경우 조식 서비스에 앞서 뜨겁게 가열된 면수

* 두번째 식사 제공은 첫 번째 식사 제공 순서의 역방향으로 제공하며 처음 식사 시 Meal Choice를 못한 승객, 스페셜 밀 주문 승객을 먼저 제공하고 일반 기내식을 제공한다.
* 그외 모든 음료/기내식 제공방법/Hot Beverage 서비스/회수는 중장거리 Lunch, Supper 서비스와 동일하다.

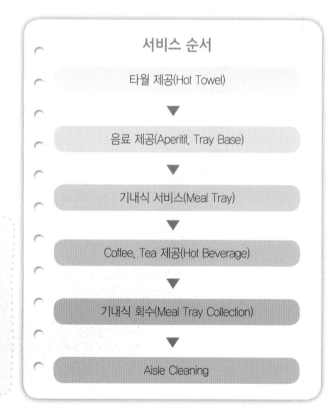

서비스 순서

타월 제공(Hot Towel)

▼

음료 제공(Aperitif, Tray Base)

▼

기내식 서비스(Meal Tray)

▼

Coffee, Tea 제공(Hot Beverage)

▼

기내식 회수(Meal Tray Collection)

▼

Aisle Cleaning

건이 승객에게 제공되고 차별없는 공평한 서비스를 위해 특별한 사유가 없는 한 1st 서비스 순서와 역방향으로 진행하는 것을 원칙으로 한다. 대한항공에서는 장거리구간 2nd 기내식 서비스를 2017년까지 승객 편의를 위해 1st 기내식 서비스를 제공하고 6시간 후 정도에 실시하였으나 2017년 후반기부터 6시간 후에는 간식(In Between Snack)을 제공하고 착륙 2~2시간 30분전 제공하는 것을 원칙으로 한다. 따라서 본 교재를 가지고 학습하는 예비 승무원들이 대형항공사에 입사하면 바뀐 규정에 의해 기내서비스를 하게 되니 참조하기 바란다.

09 기내 일반석 소스(Sauce)의 종류

소스의 어원은 라틴어의 소금(sal)에서 나온 것으로 원래는 소금을 기본으로 한 조미용액이란 뜻이며, 세계 각국에서 조미료라고 하는 말의 머리에 s자가 많이 붙어 있는 것은 이 때문이라고 한다. 소스는 고대 로마시대부터 사용되어 온 것으로 중요한 것만 해도 400~500종이며 생선, 고기, 달걀, 채소 등 각종 요리에 각각 맞는 것이 따로 있고, 쓰임에 따라서 요리와의 조화에 커다란 영향을 끼친다. 프랑스의 요리가 세계적으로 유명한 것은 각종 요리에 따라 끼얹는 소스의 종류가 약 700종에 이르기 때문이라고 한다. 이제 항공기 기내 일반석에 제공되는 소스의 종류에 대해 알아보도록 하자.

✈ 기내 일반석 소스 : 고추장, 토마토케첩, 핫소스(Hot Sauce), 머스터드(Mustard)

☑ 고추장

고추장은 간장·된장과 함께 우리 고유의 발효 식품으로, 탄수화물의 가수분해로 생긴 단맛과 콩단백 아미노산의 감칠맛, 고

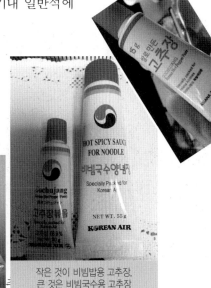

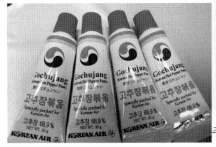

작은 것이 비빔밥용 고추장, 큰 것은 비빔국수용 고추장

맛, 소금의 짠맛이 잘 조화를 이룬 복합 조미료이자 기호 식품이다.

우리나라에서 고추장을 담그기 시작한 것은 1700년대 후반으로, 1800년대 초의 『규합총서』에는 순창 고추장과 천안 고추장이 팔도의 명물 중 하나로 소개되어 있다.

☑ 겨자소스(Mustard Sauce)

겨자의 열매나 씨로 만들어 매운맛이 나는 향신료로 그 종류가 매우 다양한데 현재 재배되고 있는 대부분은 브라운 머스터드가 차지하고 있고, 개어놓은 상태로 많이 판매된다. 겨자, 통후추 부순 것, 간장, 마늘, 올리브유, 적포도주, 소금, 후추를 넣고 잘 섞어

일반석에 제공되는 머스터드 소스

차가운 고기나 소시지·샐러드·샌드위치에 드레싱으로 사용한다.

허브와 백포도주를 섞어 톡 쏘는 맛이 나면서 끝맛이 부드러운 디종 머스터드는 고급 드레싱용 프렌치 머스터드이다.

☑ 주로 아침식사 때 계란요리와 함께 제공하는 토마토케첩(Tomato Ketchup)

일반석 아침식사에 제공되는 토마토케첩

토마토 가공품 중 생산량이 많고, 가장 많이 쓰인다. 케첩이란 채소나 과일을 체로 걸러 향신료나 조미료를 가해 만든 것의 총칭인데, 원료인 토마토를 으깨어 즙을 걸러낸 것에 설탕과 소금을 넣어 녹인 다음, 각종 향신료와 식초·양파·마늘 등을 넣어 저으면서 끓인다. 뜨거울 때(90℃ 이상) 용기에 담고 밀봉한 후 약 5분 지나서 빨리 냉각시킨다. 향신료를 헝겊 주머니에 넣어 원재료와 함께 끓여 우려내기도 하고, 식초에 담가 함유된 성분을 추출해서 쓰기도 한다. 보통 사과 또

는 파인애플 등의 양조 과일식초를 배합해서 쓰는데, 그렇게 하면 더욱 풍미가 좋다. 토마토는 분홍색이 아닌 적색 계통의 펙틴질이 많은 것이 사용되며 완숙한 것일수록 펙틴질과 색소의 함량이 높아져 좋은 제품이 된다. 이 밖에 생토마토가 아니라 토마토 퓌레를 다시 가공해서 만드는 방법도 있다.

☑ 타바스코 소스(Tabasco Sauce)

타바스코 소스는 1868년 미국의 에드먼드 매킬레니가 상품화하였다. 매킬레니는 타바스코 씨를 얻어다 심은 후에 잘 익은 것을 참나무통에 보관해 두었는데 어느 날 타바스코가 발효하면서 향을 내자 여기에 소금과 식초를 넣고 3년 이상 발효시켜 소스를 만들었다.

아침식사나 육류에 넣어서 음식을 맵게 하는 핫소스. 아주 매우니 주의하여야 한다. 저자의 경험으론 전날 숙취가 있을 때 컵라면에 Tabasco Sauce를 듬뿍 넣어 국물과 함께 취식하면 숙취가 절로 사라진다.

일반석/상위 클래스에 제공되는 타바스코 소스

기내 서비스 시 유의점

- 한국인 승객에게 고추장은 모든 요리에 잘어울리나 머스터드, 토마토케첩은 조식의 소시지나 오믈렛에 잘어울리므로 기내식을 확인 후 권유하도록 한다.
- 모든 객실승무원은 소스 서비스 직전 반드시 유효기간을 확인해야 한다. 지상의 기내식 사업소에서 철저한 위생관리가 되고 있지만 다시 한 번 재확인이 필요하다.
- 타바스코 소스는 매운맛과 신맛이 상당히 강하므로 승객에게 미리 고지하여 너무 많은 양을 음식에 넣지 않도록 한다. 서비스 후에는 반드시 회수하여야 하며, 특히 타바스코 소스는 일회용이 아니기 때문에 뚜껑을 잘 보관하여야 복편 비행기에서 쓸 수 있으니 뚜껑을 분실하지 않도록 하여야 한다.

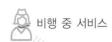

☑ Salt & Pepper

일반석에서는 Meal Service 시 종이포장 일체형 소금, 후추팩을 원하는 승객에게 제공한다.

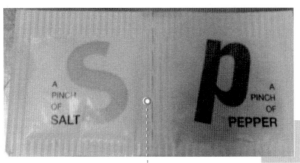

일반석에서 제공하는
소금, 후추팩
S : Salt(소금)
P : Pepper(후추)를
　　의미한다.

이 곳을 절단하여 사용한다.

기내 서비스 시 유의점

• 종이재질로 되어 있으므로 오물이 묻으면 위생상 불결할 수 있다. 깨끗이 보관하도록 하며 물에 젖지 않도록 항상 유의해야 한다.

기내식
제공하기
(Ⅲ)

In-Between 스낵 서비스

Chapter 07

기내식
제공하기
(Ⅲ)

**수행
준거**

- 객실 서비스 규정에 따라, 기내에서 제공되는 식사를 위한 세팅(Setting) 및 데우기(Heating) 등을 수행할 수 있다.
- 특별서비스요청서(SSR: Special Service Request)에 따라 특별식을 확인 후, 서비스 및 회수할 수 있다.
- 객실 서비스 규정에 따라, 승객 선호를 확인하여, 테이블 매너에 따른 기내식을 서비스 및 회수할 수 있다.

In Between Snack이란 장거리 노선에서 정규 Meal 외의 시간에 제공하는 간식 개념으로서 영화상영, 승객 휴면, 기내판매 등의 시점에 제공하며 비행 중 Meal 서비스와의 적정 시간 간격을 유지하여 1st Meal과 2nd Meal 사이에 제공한다. 하지만 승객이 간식을 요청한 경우, 스낵 서비스를 계획한 시점이 아니라도 즉시 제공하고 있다.

In Between Snack 제공 순서

간식 제공
(막걸리쌀빵, 삼각김밥, 컵라면, 마블케이크,
Hot Burn, 피자, 브라우니)

▼

Cold Beverage

▼

회수

▼

Aisle Cleaning

In Between Snack의 종류

In Between Snack의 종류에는 핫번^(Hot bun : 빵 안에 고기 다진 것을 넣은 것), 막걸리쌀빵, 피자, 삼각김밥, 컵라면, 마블케이크, 브라우니, 새우깡, 바나나 등이 있다.

국제선 일반석에 Snack으로 제공되는 막걸리쌀빵 : 막걸리로 반죽해 전통의 맛을 느낄 수 있으며 상온에서 두었다가 그대로 제공한다.

국제선 일반석에 Snack 으로 제공되는 브라우니(Brownie)

대리석 모양으로 생겨서 마블케이크라 한다.

국제선 일반석에 Snack 으로 제공되는 삼각김밥과 마블케이크

국제선 일반석에 Snack으로 제공되는 컵라면과 새우깡 : 새우깡은 비행 중 압력차 때문에 상당히 부피가 늘어나게 된다. 서비스 직전 깨끗한 이쑤시개같은 뾰족한 물체로 비닐에 구멍을 조금 내주면 정상으로 돌아옴.

국제선 일반석에 Snack으로 제공되는 핫번(Hot Bun), 오븐을 이용해 따뜻하게 데워서 제공하며 빵 안쪽에 소고기가 들어 있음. 따라서 채식주의 승객, 종교적인 이유로 소고기를 취식하지 않는 승객에게는 제공하지 않는다.

국제선 일반석에 Snack으로 제공되는 바나나(일반적으로 스페셜밀 취식했던 승객에게 제공한다)

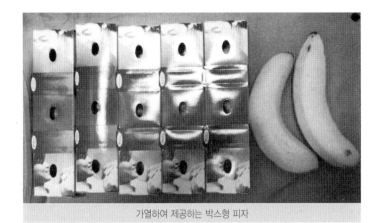

가열하여 제공하는 박스형 피자

In Between Snack 준비 시 유의사항

- Heating이 필요한 Snack은 미리 Heating한다.
- Drawer(또는 Bread Basket)에 종류별 Snack과 Cocktail Napkin을 준비한다. – Hot Bun, 막걸리쌀빵 등 포장이 되지 않은 Snack이 포함된 경우에는 Braed Tongs도 함께 준비한다.
- 가열이 필요한 피자는 해동된 상태의 피자를 오븐에 넣고 약 15분 정도 가열하여 제공한다.
- 가열한 피자는 2분 정도 식힌 후 서비스하되, 실온에서 지나치게 시간이 많이 경과하면 표면이 굳어 딱딱해지므로 유의해야 한다.
- 막걸리쌀빵은 냉장되어 보관되나 서비스 전에 상온에 충분히 노출시켜 너무 차갑지 않도록 제공한다.
- 컵라면이 제공되는 경우 나무젓가락도 동시에 준비한다.
- Snack과 함께 제공할 음료를 Tray에 준비한다.

기내 일반석 탑재되는 라면 젓가락

02 In Between Snack 서비스 방법

　In Between Snack은 노선별로 차이가 있으나 다음 사진과 같이 종류별로 Drawer나 Bread Basket에 정돈하여 냅킨과 함께 제공하며 의외로 In Between Snack 서비스 시 고객불만이 발생하는 경우도 있으니 다음 페이지의 "제공시 유의사항"을 유심히 학습하여 승객에게 간식제공 시 적절히 대처하기 바란다.

Snack 제공시점

- 영화상영 시, 승객 휴식 시, Walk Around 시, 기내판매 시 등에 제공한다.
- 1st와 2nd Meal 사이 시점에 서비스하되, Meal 서비스와의 적정 시간 간격을 유지한다.
- 승객이 간식을 개별적으로 요청하는 경우에는 사전에 계획한 시점과는 별도로 해당 승객에게 즉시 제공한다.

아시아나항공사의 간식 : 브리또와 피자

미주에서 출발하여 한국으로 비행하게 될 때 제공하는 간식

아시아나항공사의 스낵과자

In Between Snack 제공 시 유의사항

- 승객이 자유롭게 먹을 수 있도록 하며 승객이 만석인 상태에서 창측이나 내측에 있는 승객이 요청하면 객실승무원이 제공할 수 있다.
- 승객이 라면을 취식하는 경우 객실승무원은 용기에 뜨거운 물을 부어 제공하고 1인당 1개씩만 들고 좌석으로 돌아갈 수 있도록 권유한다(화상 방지).
- 가열한 피자는 상당히 뜨거울 수 있으므로 승객에게 조심하도록 안내한다.
- Aisle 담당 승무원은 영화상영 시, 승객 휴식 중 기내를 순회하며 준비한 음료수와 함께 제공한다.
- 준비된 Snack을 Drawer(또는 Bread Basket)에 담긴 채로 승객에게 보여주며 종류를 소개하고 권한다.
- 승객이 직접 집도록 안내하되, 통로에서 먼 곳에 착석한 승객에게는 승무원이 Table에 Napkin과 함께 놓아드린다. 이 경우 Hot Bun, 막걸리쌀빵 등은 Bread Tong(빵 집게)을 이용한다.
- Snack 제공 직후, Tray에 준비한 음료를 서비스한다.
- 서비스 후 잔여 Snack은 Drawer에 담아 Self Service Corner에 준비해 두거나 승객 요청에 따라 개별 서비스한다.
- 스낵을 제공함으로써 많은 승객의 불편이 줄어든 것은 명확한 사실이나 제공 과정에서 의외로 적지 않은 고객 불만이 발생하기도 한다. 사실 기내에 탑재되는 간식은 탑재 공간상 무한정 탑재가 불가능하기 때문에 승객 대비 적정량을 계산하여 갤리 공간에 탑재되어 서빙하는 객실 승무원의 마음을 안타깝게 하는 원인이 되기도 한다. 유난히 많은 승객들이 한 가지 스낵만을 선택할 때 또는 지나치게 많이 원하시는 승객이 있을 때 뒤편의 승객의 원활한 스낵 선택을 위해 제공하는 승무원이 개수를 제한하기도 하고 이 과정에서 표정도 조금 불편해지는 것은 사실이다. 이러한 경우 스낵을 이용하는 승객으로 하여금 불편한 감정을 가지게 하고 목적지나 한국에 도착 후 바로 고객 불만으로 이어지는 것이다. 저자의 생각으로는 In-Between Snack을 제공할 때 개수, 종류를 제한하지 말고 승객의 선택에 맡기며 모자랄 경우 상위 클래스에 문의하거나 다른 품목으로 대체하는 등의 적극적인 서비스 자세가 요구된다 할 것이다.

In Between Snack 서비스 시 사용하는 Bread Basket : 린넨(Linnen)을 사용하여 먼저 바스켓을 감싸고 후에 In Between Snack을 넣어 서비스한다.

In Between Snack과 동시에 제공하는 음료수 Tray

라면 서비스 시 뜨거운 국물에 의한 화상주의 및 조치방법

기내 간식용으로 제공되는 라면

라면 및 기내 일반석에서 제공되는 미역국, 된장국, 커피, 녹차 등은 뜨거운 물을 부어 승객에게 제공되므로 객실승무원은 뜨거운 음료 제공 시 각별한 주의를 요한다.

2015년 8월 인천공항에서 파리로 가는 비행기에서 국내 A항공사에 전직 모델이었던 한 승객이 뜨거운 라면국물에 화상을 입어 항공사에 2억원의 민사소송을 제기하여 큰 이슈가 되었다. 라면국물, 커피 등 뜨거운 물을 취급하는 승무원은 그 자체가 위험물이라는 생각으로 서비스 시 주의를 해야 한다.

- 승객에게 화상을 입힐 수 있으므로 제공이나 회수 시 집중해야 한다.
- 기체 요동 시에는 승객에게 미리 양해를 구하여 안정된 후 서비스해야 한다.
- 승무원, 승객의 실수로 뜨거운 액체를 엎질렀을 경우에는 즉시 아래의 화상 응급처치를 하고 필요한 경우 기내 의사 호출방송을 하여 의료진의 전문치료를 받도록 한다.

2018년 기내 화상 발생 시 신개념 화상응급처치 법

기존의 기내 화상 응급처치 방법은 응급조치 시 처치자의 손과 화기를 빼는 물을 통하여 감염을 일으킬 수 있는 소지가 다분하여 항공사에서는 "Burntec"이라는 제품을 사용하기 시작하였다.

하이테크놀로지 하이드로겔 드레싱 "Burntec"은 "쿨링효과"를 지니고 있는 다 기능성 상처 드레싱으로 90% 이상의 수분을 포함하고 있는 흡수성 드레싱 제품이다.

Burntec은 화상부위의 열을 신속히 쿨링시켜 상처 부위를 진정시킬 뿐만 아니라 적절한 열 교환과 수분균형을 통해 최적의 습윤한 상처치유 환경을 제공하고, 상처 부위에 지속적인 쿨링 효과를 제공하여 상처 부위의 통증을 경감시켜 주는 제품이다. 또한 상처에 달라붙지 않아 드레싱 교환 시의 통증을 완화시켜 주며 나아가 흉터 생성도 완화시켜주는 효과가 있다. 이러한 하이테크놀로지 하이드로겔 드레싱 "Burntec"은 화상부위. 비 감염성의 모든상처 등 적용범위가 넓고, 5 x 5cm ~40 x 60cm 등 제품의 사이즈 또한 다양하여 2018년부터 항공사에서 승객 및 승무원 화상 응급 치료용으로 도입할 예정이다.

화상 응급처치 절차

[현행] 물 이용 화기제거	[변경] BurnTec 이용 화기제거
① 화상 부위의 의복, 장신구 등을 조심스럽게 제거하여 화상 부위를 노출시킨다. ② 화상 부위를 흐르는 물(10~15℃)에 약 20분 이상 대거나 담근다. 만약, 흐르는 물로 화기 제거가 어려운 경우에는 거즈나 깨끗한 수건에 물을 적셔 화기를 제거한다. ③ 화상 연고를 충분히 도포하거나 FAK 내 리도아거즈를 사용한 후 멸균거즈와 붕대로 느슨하게 고정시킨다. ④ 통증 지속시 진통제(타이레놀)를 제공한다.	① 화상 부위의 의복, 장신구 등을 조심스럽게 제거하여 화상 부위를 노출시킨다. ② FAK 내 화상 치료용 거즈(Burn Tec)을 환부에 얹고 탄력 붕대로 느슨하게 고정한다. Burn Tec을 사용하기 어려운 경우에는 상온의 흐르는 물 또는 차가운 린넷 등을 이용하여 화기를 제거 후 화상연고 도포 및 멸균거즈와 붕대로 느슨하게 고정시킨다. ③ 필요 시 진통제(타이레놀)를 제공한다. 주) 화상 부위 이물질이 있는 경우 깨끗한 물로 세척한다.

공통 주의 사항

- 화상 응급처치 시에는 얼음이나 얼음주머니를 사용하지 않는다.
  - 얼음찜질 경우 피부조직 손상 및 상처 악화 가능
- 화상으로 인한 수포를 터뜨리지 않도록 주의한다.

Burn Tec 사용 방법

1. 포장 개봉 후, 플라스틱 몰드에서 제품을 꺼낸다.

2. 이때, 제품의 상부에 부착 되어 있는 필름은 제거하 지 않는다.

3. 플라스틱 몰드에 접해 있 던 부분을 화상부위로 향 하게 하여 적용시킨다.

4. 상처에 드레싱을 적용 시 킨 후 상부에 있는 필름 을 제거한다.

5. 탄력붕대를 이용하여 고 정한다. 필요 시 진통제를 제공한다.

기내 화상환자에 Burn Tec를 사용하여 도포 한 모습

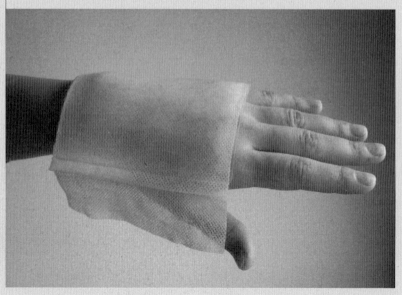

In Between Snack 회수

In Between Snack 서비스 후 기내 쓰레기가 많이 발생됨에 따라 신속히 회수하지 않으면 객실의 쾌적성이 많이 떨어지게 되고 특히 비닐 포장지 같은 물질은 승객이 잘못 밟을 시 미끄러져 상해를 입을 수 있다. 따라서 서비스 직후 준비된 Drawer를 사용하여 모든 쓰레기를 회수하여야 하고 갤리 쓰레기통이나 탑재된 In Between Snack 카트의 빈 공간을 이용하여 처리하여야 한다. 회수 시 유의사항은 아래와 같다.

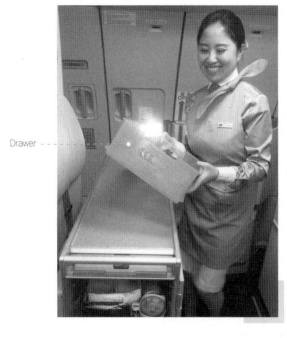

Drawer

간식 회수용 Drawer를 들고 있는 중국 현지 승무원. 현재 대한항공에는 상당히 많은 수의 중국 현지 승무원이 자국인 승무원 못지않게 열심히 근무하고 있다.

- 객실승무원은 제공한 모든 In Between Snack의 잔여물을 회수해야 하며, 회수 시에는 기내의 Drawer를 이용하여 사용한 컵과 쓰레기류를 수거한다.

- 취식하고 남은 라면은 일반 수거용 쓰레기통에 버려야 하며 갤리 내 물방수구(Water Drain)나 압축 쓰레기통(Trash Compactor)에 넣으면 안 된다. 이러한 찌꺼기가 있는 물품은 막힘현상/고장유발을 발생시킬 수 있기 때문이다.

Chapter

08

기내 오락물
제공하기

1. 기내영화(In Flight Movie)

2. 기내음악(In Flight Music)

3. Airshow(Moving Map)

4. 객실조명 조절

Chapter
08

기내 오락물
제공하기

● 객실 서비스 규정에 따라, 기내에서 제공되는 오
락물 상영을 위한 기내 시설물과 기물을 사용할
수 있다.
● 객실 서비스 규정에 따라, 비행 중 서비스되는
상영물에 관한 종류와 내용을 고객에게 전달할
수 있다.
● 객실 서비스 규정에 따라, 조명 및 객실상태를
점검하고, 오락물을 제공할 수 있다.

수행
준거

기내 오락물 운영 및 관리는 객실사무장/캐빈매니저
가 담당하며 비디오 조절장치가 설치된 구역의 최선임
승무원이 보조를 할 수 있다. 기내 오락물의 상영시간은
이륙 후 항공기가 정상 고도를 취한 시점부터 도착 전
기장의 안내방송 후 헤드폰 수거시점까지 상영한다.

☑ 기내 영화/음악을 조절할 수 있는 비디오 조절장치

A380

B777

A330-200ER

영화 시청을 위한 비상구 열 모니터   상위클래스 모니터

 기내영화 (In Flight Movie)

AVOD (Audio Video on Demand) 시스템이 갖추어진 항공기는 국내선 구간을 제외하고 모든 비행구간에서 영화 및 단편물 시청이 가능하고 AVOD 내 상영물의 교체주기는 항공사별로 차이가 있으나 일반적으로 영화는 3~6개월/단편물은 3개월/시사, 스포츠, 드라마는 매월/최신가요는 매월/기타 음악은 2개월 단위로 교체한다.

1. IFE 시스템 (In Flight Entertainment)

기내에서 승객이 즐길 수 있도록 제공되는 오락물을 총칭하는 용어로서 기내에서 서비스되는 영화, 국내외 NEWS, 음악, 단편물, 게임 등의 영상매체와 기내지, 잡지, 신문 등의 인쇄매체를 제공한다.

A380 영화상영 초기화면, 언어선택을 먼저 눌러야 한다.

2. AVOD 시스템(Audio Video on Demand)

주문형 기내오락 시스템으로 승객이 원하는 시점에서 오디오, 비디오 내용들을 불러와 재생, 일시정지, 앞으로 감기, 뒤로 감기, 영화 시청하던 부분에서 다시 시청하기 등이 가능한 시스템을 말하며 요즘 제작되는 모든 항공기에는 승객에 대한 기내 서비스 강화면에서 대부분 AVOD 시스템이 장착되어 있다.

| A380 AVOD 조종 리모컨 | 게임을 위한 장치 | 리모컨 사용모습 |

3. IVS 시스템(Individual Video System)

승객 개인용 비디오 시스템으로 승객 각 좌석에 설치된 개인용 모니터 화면을 통해 영상 서비스를 제공하는 시설을 말한다.

4. 기내영화 선정기준

- 선정성, 음란성이 강하지 않아 온 가족이 볼 수 있는 영화

- 오락성을 중시하는 영화

- 상영시간이 너무 길지 않고 적당한 영화

- 지나친 폭력물, 전쟁, 재난 등 불안감을 조성하지 않는 영화

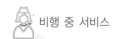

5. 기내영화의 등급설정

등급기준은 예술성보다는 선정적인 부분의 묘사 양식에 중점을 둔다. 영화 등급기준을 마련한 것은 성장기에 있는 청소년들을 선정적인 영화들로부터 보호하기 위한 목적을 갖고 있다. 미국에서 영화등급심사위원회는 영화인협회, 영화관협회, 시민단체 등으로 구성되어 있다. 미국에서는 영화등급을 크게 G급과 PG급, R급, X급의 4가지로 구분한다. G급(general audience)은 관람연령에 제한을 두지 않는 영화이며, PG급(parental guidance)은 관람객의 연령에 제한은 없으나 자녀들은 부모의 허락을 받아야 한다. R급(restricted, under 17s require accompanying parent of guardian)은 17세 이하의 청소년이 관람하게 될 경우 반드시 부모 또는 보호자의 동반하에 관람할 수 있는 영화이며, X급(none under 17 admitted)은 17세 이하의 청소년은 절대로 관람을 허용하지 않는 영화이다. 특히 X급의 영화는 청소년의 정서 활동을 매우 해치는 지극히 선정적인 내용들로 구성되어 있다.

G (general audience): 어린이를 포함하여 모든 승객이 감상할 수 있는 영화(한국 연령 기준)
PG (parental guidance): 12세 이상 관람 가능
PG13 (parental guidance over13) : 15세 이상 관람 가능
R (restricted, under 17s require accompanying parent of guardian) : 19세 이상 관람 가능
X (none under 17 admitted) : 기내에서는 상영하지 않는 성인용 영화

기내 클래식 영화는 6개월 주기로 전량 교체되며 할리우드 영화, 한국, 일본, 중국 및 유럽영화, 단편물은 3개월마다 교체되고 시사, 스포츠, 드라마, 최신가요의 단편물은 매월 교체된다. 요즘 최신형 항공기에서 AVOD를 서비스하는 항공사에서 영화상영 시간은 특별하게 지정되지 않지만 일반적으로 식사와 기내 면세품 판매가 끝난 시점부터 승객들이 본격적으로 영화를 시청하기 시작하며 이때부터 기내 창문과 객실조명을 단계별로 조절할 수 있다.

02 기내음악(In Flight Music)

기내음악 청취 가이드

단거리 노선용 이어폰

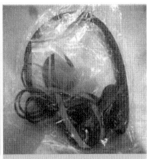
장거리 노선용 헤드폰

기내음악은 보딩뮤직과 In Flight Seat Music로 구분되며 AVOD System이 장착되어 있는 비행기인 경우 클래식, 팝송, 재즈, 세계음악, 각종 테마음악, 한국가요 등 여러 가지 장르의 음악을 승객이 원하는 대로 선택하여 청취 가능하며 기내음악의 교체 시기는 항공사별로 차이가 있지만 일반적으로 1~2개월 사이에 교체한다.

기내음악의 선곡기준

보통 항공기는 8개 채널을 갖고 있으나 최근에 출시되고 있는 신형기에는 16개 채널이 있다. 기내음악은 보통 1~2개월을 주기로 교체하고 있다. 그런데 항공기가 막 움직이기 시작했을 때 듣고 있던 음악이나 비디오의 소리가 약간 커지는 걸 느낄 수 있는데 이것은 비행기의 엔진이 정상 회전을 시작했을 때에 오디오의 음량이 약간 커지도록 설계되어 있기 때문이다. 또한 일반적으로 안내방송을 실시할 때는 음악이 중단되도록

기내 음악 장르 소개 화면

일등석용 최고급 헤드폰

일반석 헤드폰 꽂는 곳

시스템화되어 있다. 2년 전에 가수 테이(Tei)가 대한항공의 기내방송 음악프로그램 진행을 맡았다 해서 화제가 됐었는데 기내음악도 이젠 경쟁 선점시대로 다가온 느낌이다.

 기내음악의 선곡기준

- 승객의 국적, 성별, 연령별 승객 분포 감안
- 유명한 음악가와 가수의 기념 이벤트
- 사회적으로 명성 있는 음악가나 가수의 음악 반영
- 노동가요, 전투가요 등 부정적 이미지의 음악 제외
- 기내 소음 감안 저음역대 위주 음악 배제
- 계절기준을 반영하고 음울한 분위기 음악은 제외

Airshow(Moving Map)

에어쇼(Airshow)란?

에어쇼란 비행 중 승객에게 해당편의 비행에 관련된 각종 정보를 제공하는 시스템으로 승객이 탑승한 비행기의 비행속도, 고도, 현재위치, 목적지까지의 거리와 남은 시간, 현지시간 및 온도 등에 관한 정보를 제공하며 AVOD System이 장착되지 않는 비행기는 메인스크린으로, AVOD System이 장착된 비행기는 개인화면을 통하여 이륙 전 승객 탑승시부터 착륙 후 항공기 완전 정지시까지 상영한다.

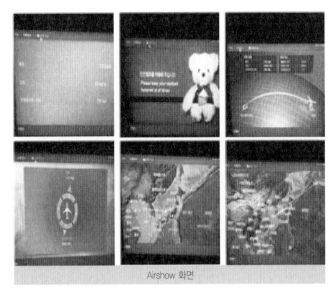

Airshow 화면

이러한 에어쇼 시스템은 조종실 프로그램과 연동되므로 승객이나 승무원이 시간을 바꾸거나 위치를 바꾸는 설정을 할 수 없게 되어 있다.

독일 프랑크푸르트/인천공항 구간 에어쇼

마드리드/인천공항 구간 에어쇼

 객실조명 조절

1. 항공기 객실조명(Cabin light)의 특징

객실조명은 기내에서 제공되는 기내 서비스의 내용 및 비행 시간대에 따라 신축성 있게 조절하며 '기내식 제공시(Lunch/Dinner) : Full Bright, (Supper/Breakfast) : Dim or Medium, 승객휴식 및 영화상영시 : Night Mode'로 운영한다.

특히 야간에 항공기 이/착륙시 비상탈출 경우를 염두에 두고 어두운 바깥상황에 승객이 당황하지 않도록 조도적응을 위해 Dim Position으로 조절하여야 하며 기내 서비스를 위해 밝은 조명(Full Bright)에서 어두운 조명(Night Mode)으로/어두운 조명에서 밝은 조명으로 조절할 때에는 단계적으로 시간차이를 두고 조절해야 한다.

비행기 객실조명은 천정이나 옆벽(Sidewall)에다 반사시키는 간접조명방식을 채용하고 있어 승객이 느끼는 불빛은 부드럽고 차분한 객실 분위기를 만들어낼 수가 있다. 비행기 객실내부를 비추는 조명등은 주로 양측 창 위에 있는 오버헤드빈(Overhead bin) 위와 창문 윗편에 설치되어 있으며 이러한 조명기구는 모두 앞에서 언급한 간접조명방식을 따르고 있다. 이러한 간접조명은 느낌이 세련되어 마치 오성급 호텔 로비에 있는 것과 같이 은은하고 품위 있는 객실 분위기를 만들어 제공하고 있지만, 항공기 객실 정비를 담당하는 객실정비사에게 이런 이야기를 하면 오히려 예상치 못한 답변을 듣게 되는데 사실은 이러한 간

접 조명방식은 편안하고 부드러운 객실분위기를 조성하기 위해서가 아니라 항공기 운항 중 승객의 안전사고 방지를 위해서라고 한다. 비행 중 항공기가 난기류(Turbulence)를 만나 항공기가 흔들리는 과정에서 형광등이 부서거나 갈라지는 것 같은 상황이 벌어져도 형광등의 유리 파편이 승객에게 직접 위해를 가하지 않도록 하기 위한 조치라고 하니 항공기 탑승 승객에 대한 비행안전의 세세함을 읽어볼 수 있다. 또한 야간비행시 어두운 객실에서 독서를 하거나 책을 읽기 위해 켜는 머리위편 독서등(Reading light)이 있고 객실승무원들의 업무교범이나 기내방송문을 읽기 위한 조명기구가 별도로 설치되어 있다.

항공기에서는 일반적으로 115V 전압의 전기를 사용하고 있기 때문에 전력공급을 위해 115V/400Hz의 교류 발전기가 각 엔진에 한 대씩 장착되어 있고 비행기 크기에 따라 다르지만 중형기의 경우 객실 내 조명기구로 약 150여 개에 달하는 형광등을 사용하고 있다. 객실 내 조명은 구역별로 필수조명, 바닥에는 통로유도등(Emergency floor lihgt), 도어에는 비상구등(Exit light)이 들어오도록 되어 있다. 개인용 독서등(Reading light)은 보다 선명한 조도를 얻기 위해서 가정에서 흔히 사용하는 백열전구 같이 필라멘트를 가열해서 빛을 내는 고급전구가 사용되는데 기내에서 유일한 직사광이다. 따라서 옆 사람의 휴식이나 수면에 방해가 되지 않도록 사용자에게 조명의 각도가 개인별로 정확히 고정되어 있다.

> 인용출처 : 영종의 항공 이야기, www.airstory.kr

2. 항공기 객실조명 조절방법

기내의 조명은 승무원들이 'FAP(Flight attendant panel)'이라고 불리는 기내조명 조절 컨트롤 패널을 통해 객실 내 조명을 시간대별/객실 서비스 및 안전 용도별로 조절하고 있으며 일반적으로 승객 조도적응 위해 객실조명을 단계별로 바꾸는 절차를 시행하고 있다. 제일 어두운 조명(Night mode)에서 제일 밝은 조명(Full bright)으로 바꾸기 위해서는 중간단계(Dim1,Dim2)를 시간차를 두고 거치게 되어 있으며 제일 밝은 조명에서 제일 어두운 조명으로 바꾸는 경우에도 역시 동일한

B777 항공기 조명조절장치

A380 항공기 조명조절장치

B737 항공기 조명조절장치

방법을 사용하고 있다. 기내식과 음료를 제공하는 시간에는 객실 조명을 최대한 밝게(Full Bright) 유지하고 있으며 승객의 휴식시간이나 영화상영 중 기내의 조명은 제일 어둡게(Night)조절하고 2nd 서비스가 시작되기 전 승객이 갑작스런 조명밝기 변화에 노출되지 않기 위해 전체 조명을 낮춘 상태(Dim)로 서비스 한다. 또한 주간 비행시 승객 휴식 때문에 객실 전체의 조명을 어둡게 했을 경우 항공기 창가 쪽 Window Shade(창문덮개)를 내리는 것을 권장하며(강제사항 아님) 이는 하늘 위에서는 구름에 의한 햇빛의 반사가 눈이 부실 정도로 강하기 때문에 휴식과 영화를 시청하는 주변 승객에게 불편을 주기 때문이다. 야간비행 시 기내식을 제공할 때는 역시 객실조명을 단계적으로 밝게 하고 기내 판매 중에는 해당구역의 객실조명만 밝게(Bright)또는 중간단계(Dim) 밝기를 유지하여 면세품 구입하지 않는 승객의 휴식을 보장해야 한다. 항공기 도어(Door) 쪽의 조명장치(Trash hold light)는 이/착륙시, 비행 중 승객의 안전을 위해 꺼두고 승객의 탑승/하기시에만 주변 조명을 위해 사용하고 있다. 갤리(Galley)도 승무원이 사용하지 않는 경우에는 주변 승객의 편안한 휴식을 위해 갤리 내부조명을 소등하도록 되어 있다.

인용출처 : 영종의 항공 이야기, www.airstory.kr

3. 객실조명 조절의 원칙

기내 객실조명의 조절원칙은 아래와 같다.

- 영화상영 중이거나 모든 승객이 영화를 시청할 시간에는 객실 및 갤리 조명을 끈다.
- 갤리 작업시 갤리의 불빛으로 취침을 못하는 주위 승객에게는 안대(Slumber Mask)를 제공해야 한다.
- 객실 내 조명의 밝기는 어두운 상태에서 제일 밝은 상태로 급격히 조절하지 않고 Night-Dim2-Dim1-Bright 순으로 천천히 시차를 주고 조절해야 한다.

　　식사 후 승객의 편안한 휴식을 위해 객실의 조명을 끌 경우에도 역순으로 조절한다.

　　● 모든 항공기 조명 조절은 항공기별 정해진 규정에 맞도록 조절한다.

☑ A380 객실 조명 조절상태

1. 승객 탑승　　　　　　2. 항공기 Taxing

3. 이륙　　　　　　4. 기내식 서비스

5. 기내 판매　　　6. 승객휴식　　　7. 두번째 식사

8. Approaching(하강)　　9. Landing　　　10. 승객 하기

면세품
판매하기

Chapter

09

**수행
준거**

- 객실 서비스 규정에 따라, 면세품 판매를 위한 기본적인 상품을 세팅하고, 판매할 수 있다.
- 객실 서비스 규정에 따라, 국가별 면세품 구매 한도에 관한 정보를 전달할 수 있다.
- 객실 서비스 규정에 따라, 면세품 판매 전·후 재고 파악 및 인수인계를 위한 서류를 정리할 수 있다.

면세품
판매하기

아시아나항공 기내판매   대한항공 기내판매

에어부산 기내판매   싱가폴항공 기내판매

제주항공 기내판매   중국항공 기내판매

일본 피치항공 기내판매　이스타항공 기내판매　아시아나항공 기내 면세품 안내서

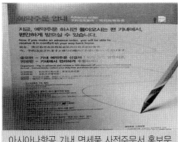

아시아나항공 기내 면세품 사전주문서 홍보문　기내 면세품 사전예약 주문서 내용

기내 면세품 판매 시작을 알리는 기내 안내방송

안내 말씀 드리겠습니다.

손님 여러분, 0000 항공에서는 손님 여러분의 편리한 쇼핑을 위해 우수한 품질의 다양한 면세품들을 일반 면세점보다 저렴한 환율로 판매하고 있습니다. 구입을 원하시는 손님께서는 판매카트가 지나갈 때 말씀해 주시기 바랍니다. 또한 000국가에서 환승하시는 손님 중에 액체류를 구입하시기 원하시는 분은 승무원에게 문의하시거나 기내 안내지를 참고하시기 바랍니다.

Ladies and gentlemen,

Our in flight duty free sales have started and you may now purchase duty free items or order items for your return flight.

Passengers transferring from 000 should contact with cabin crew when purchasing duty free liquor items.

For more information, Please refer to 0000 magazine in your seat pocket.

If you need any assistance, our cabin crew is happy to help you.

01 기내판매(In flight Duty free sales)란?

이륙 후 기내의 모든 식음료 서비스 후 승객의 편의를 위해 기내 객실승무원이 판매하는 면세품 판매행위(Duty Free Sales)를 말하며, 항공사별로 차이가 있지만 ① 카트를 이용한 판매와 ② 승객의 승객주문을 받아 판매하는 형태가 있으며 매 비행마다 기내 면세품 판매를 담당하는 승무원을 지정하여 기내 면세품의 인계부터 도착 후 기내 판매대금 입금까지 모든 절차를 수행하도록 하고 있다.(order base : 승객 주문에 의지해 판매하는 행위)

일반적으로 국내 항공사에서는 비행경력 3~5년 정도의 승무원을 기내판매 담당승무원으로 배정하고 있으며 기내판매 카트는 항공기별로 차이를 두어 운영하고 한 카트당 3명의 승무원이 배정받게 된다.

> 면세품 카트마다 면세품 판매 담당 2명의 승무원, 면세품 물건운반 담당승무원으로 3명씩 구성되며 신입 승무원으로 입사하게 되면 제일 먼저 면세품 물건운반 담당으로 지정되어 면세품 판매 중 카트에 없고 갤리(Galley) 내 보관되어 있는 면세품을 가져오는 업무를 담당한다.

기내 면세품 판매 준비된 카트   기내비치용 기내 면세품 안내책자

02 기내판매 담당승무원의 임무

❶ 항공기 출발 전 기내판매 잔돈수령, 판매승무원용 조견표, 기내판매 머니백(Money Bag)을 수령한다.

> 대한항공의 경우 기내 면세품 판매용 잔돈-2014년까지 출발시 기내 면세품 담당승무원이 인천공항 소재 은행에서 수령하였으나 현재 2015년부터는 승무원 대기실에 있는 은행에서 수령하며 항공기 출발 후 다시 인천공항으로 돌아올 때까지 전 구간 사용한다. 원화/달러/엔화/유로화/위안화 잔돈으로 구성되어 있고 인천공항 도착시 잔돈이 아닌 같은 액수의 지폐 금액만 반납하면 된다.

승무원용 기내 면세품 판매 조견표

기내 면세품 사전 주문서

❷ 객실브리핑시 해당편 승무원에게 판매 당일 적용 기내 환율, 노선별 특이한 기내판매 업무사항을 알려준다.

❸ 항공기 도착 후 객실승무원들이 항공기에 들어오기 전 기내에 탑재해 놓은 기내판매용 면세품 및 판매장비를 담당 조업원으로부터 인수한다.

❹ 해당편 비행 중 기내판매 기준에 따라 기내판매를 담당한다.

❺ 미국 등 기내판매품에 대한 세관보고서가 필요할 경우 출력하고 제출하는 업무를 담당한다.

❻ 해외 도착 후 기내판매 대금 및 인수/인계용 서류를 다음 팀에게 인계한다.

❼ 해외에서 출발시 항공기를 인계한 기내판매 담당승무원으로부터 인계받은 면세품의 보관상태, 기내판매 대금, 면세품 개수가 정확한지 파악하여 객실사무장/캐빈매니저에게 보고한다.

❽ 인천공항 도착 후 기내 면세품을 지상 조업원에게 인계하고 판매대금, 잔돈을 반납한다.

❾ 항공기 인천공항 출발시 비행기 안에서 접수한 기내판매 사전주문서를 정확히 인계해야 한다. (기내 면세품 사전주문서를 제대로 인계인수하지 않아 많은 승객으로부터 불만이 접수되고 있으며 제출용과 승객보관용을 구분하여 인계한다)

기내 면세품 사전주문서

회사제출용

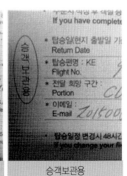
승객보관용

기내 면세품 탑재상태

기내 면세품 탑재

기내 면세품 카트 내 탑재

 기내판매 중 각 클래스별 승무원의 임무

- 기내판매 담당승무원은 모든 주문품목의 계산 및 정산을 총괄한다.
- 기내판매 담당승무원으로 지정은 안 되었지만 각 클래스 서비스 전담 승무원 중 객실사무장/캐빈매니저가 지정한 승무원이 기내 면세품 판매 카트가 해당 클래스를 지나갈 때 면세품의 접수, 계산, 물품 포장의 임무를 수행할 수 있다.

 기내판매 운영

❶ 기내 면세품 판매는 각 비행별로 설정된 서비스 순서에 의거하여 시작하되, 기내판매 카트를 이용하여(항공사에 따라 승객 주문에 의지 개별 판매) 판매시 일등석을 제외한 비즈니스 클래스부터 판매하기 시작한다.

❷ 일등석 승객에게는 개별 판매를 원칙으로 하며, KE에서는 일반석 승객에 대해 개별 주문 접수 및 판매는 하지 않는다.

❸ 장거리 비행인 경우 나중에 주문하는 승객의 편의를 위해 두 번째 식사를 마치고 기내판매를 시작할 수 있다.

❹ 기내판매 카트 대수는 기종/객실상황/승객 수에 따라 신축적으로 조정할
수 있으며 원칙은 아래와 같다.

A380 : 3~4대
B747, B777 : 2~3대
A330 : 2대
B737 : 1대

05 기내판매 방법

❶ 주문한 상품은 Meal Tray Table 위에 놓아드려 확인하기 쉽도록 하고 주
문한 물품을 소개하여 승무원과 승객 간의 오전달이 발생하지 않도록 한다.

❷ 계산기나 암산을 사용하지 않고 회사에서 지급된 기내판매 전용 POS를
사용하여 판매하여야 한다. (재고물품, 계산서, 인수인계서, 영수증이 자동작성되고 출력 가능함)

❸ 기내에 탑재되는 면세품 중 외형이 비슷한 유사물품이 비교적 많으므로
판매시 또는 개별 전달시 유의하여야 한다.

❹ 기내 면세품 판매시 대금 및 거스름돈은 정확해야 하며 계산착오, 판매지
연, 거스름돈 미지급, 판매물품이 아닌 다른 물품 지급, 판매한 물품을 제
때에 전달하지 못해 이로 인한 승객 불만이 발생하지 않도록 유의해야
한다.

❺ 신용카드를 이용하여 USD 400 이상의 물품을 구입할 시 카드를 제시한
승객과 카드상의 명의자
가 동일한지 확인 후 성
명, 여권번호, 좌석번호를
신용카드 전표에 기재하
여야 한다.

기내 면세품 판매시 이용하는 받침대

상위클래스 승객에게 증정하는 할인권

06 기내 면세품 판매시 수수 가능 화폐와 사용할 수 없는 카드의 종류

대한항공의 경우 기내 면세품 구입시 사용할 수 있는 화폐 및 사용할 수 없는 사전 거래 승인이 필요한 신용카드는 다음과 같다.

☑ **기내 사용 가능 화폐**

미국달러, 한국돈, 유로화, 일본엔, 중국위안(2015. 9. 해당 항공사별 변경 가능)

☑ **기내 사용 불가 신용카드**

VISA ELETRON CARD, EASY CARD, CHECK CARD, DEBIT CARD, 복지 CARD, 백화점 및 기타 일반(미용실. 헬스클럽 등) 제휴카드, 해외에서만 수수 가능한 카드, 유효기간 경과 CARD 및 각종 선물카드(GIFT CARD), 교통카드

☑ **기내 면세품 구입시 사용할 수 없는 카드의 종류**

☑ **기내에서 수수하는 나라별 화폐**

07 기내 면세품 판매의 종료 및 유의사항

❶ 기내 면세품 판매는 항공기 강하시작(Approching) 시점까지 종료해야 한다.

❷ 판매된 물품은 쇼핑백에 넣어 승객에게 전달하며 만 19세 미만의 미성년 승객에 대해 주류판매는 금한다.

❸ 기내에서는 현금영수증 발급 요청이 불가하므로 관계법령(법인세 시행규칙 제79조 2항)에 의해 현금영수증 발급이 불가함을 안내한다.

❹ 기내 면세품이 파손되었을 경우 상황 발생시 한 국 도착 후 세관에 제출하는 기내판매물품 멸실(파손)신고서를 작성해야 하고 편명/구간/파손품 발생 연월일을 빠짐없이 기재하며 객실사무장/캐빈매 니저의 서명을 받아 기내판매품 하기 담당직원에 게 파손된 기내 면세품과 함께 인계한다.

기내판매물품 파손 신고서

❺ 기내 면세품이 제조과정에서 발생한 불량품을 발견하였을 경우 조업원 에게 발생 년/월/일, 편명, 이름을 기록한 후 물품과 함께 조업원에게 인계 하여야 한다.

❻ 과거에 판매된 물품의 기내 교환 및 환불은 관세법상 불가하며 그외 사항 으로 교환 및 환불을 원하는 승객에게는 기내 비치된 면세품 안내서에 기 록된 고객관리창구 전화번호를 안내하여 교환 및 환불하도록 한다.

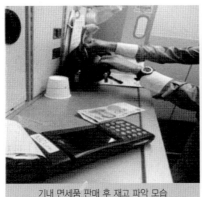
기내 면세품 판매 후 재고 파악 모습

기내 면세품 대/소 비닐봉투

187

❼ **환승하는 승객에 대한 액체류 판매시 봉인 봉투**(Tamper Evident bag)

공항마다 환승승객에 대한 액체류를 환승 보안 검색시 제한하는 공항이
많다. 따라서 기내에서 액체류(주류, 화장품 등)를 판매시 아래와 같은 봉투에
넣어 완전 봉인 후 영수증을 외부에 첨부하여 제공하게 되며 승객은 도착
지까지 개봉해서는 안 된다.

아래의 Bag을 사용했을 경우 담당승무원은 기내에 비치되어 있는 장부에
사용기록 및 서명을 해야 한다.(일명 템포백-Tamper Bag이라고 한다)

액체류 면세품인 경우 100ml
까지는 1리터 비닐백에 넣어
휴대할 수 있으나 100ml 초
과 액체류는 환승보안검색대
에서 상기봉투를 이용하지 않
으면 압수된다.

08 기내 면세품 판매전용 포스(POS) 장비 소개

❶ POS 계산기 : 객실승무원이 기내판매시 필요한 제반기능을 통합한 장비
로서 일본에서 개발된 시스템 운영체제를 이용한 장비이다.(대당 150만원)

❷ KAL POS의 기능을 살펴보면 아래와 같다.

계산기능, 영수증 인쇄기능, Refund 기능, 재고파악(Inventory)기능, 구간별 통
화별 판매금액 조회기능, 환율계산기능, 미국입국시 세관용지 제출기능,
Merge기능

현재 국내의 대부분 항공사에
서 종류는 약간 다르지만 같
은 기능의 POS 계산기를 사
용하고 있다.

기내 면세품 판매를 위한 계산기, 프린터 겸용 POS

09 사진으로 보는 기내 면세품 인수, 판매, 인계 절차 22단계

1. 기내판매 담당자 지정	2. 잔돈 수령	3. 면세품 인수	4. 조견표 수령	5. 면세품 지상점검

6. 면세품 카트 세팅	7. 면세품 판매1	8. 면세품 계산	9. 면세품 증정	10. 환승객 면세품

11. 판매 후 인벤토리	12. 판매대금 정산	13. 영수증 출력준비	14. 영수증 출력	15. 영수증

16. 잔액, 물품 확인	17. 복편 주문물품 확인	18. 사전주문서 확인	19. 면세품 봉인	20. 봉인된 면세품

21. 봉인된 면세품 카트	22. 도착 후 면세품 인계			

10 주요 국가 면세범위

구분	주요 국가별 입국시 관세 면제기준 (비거주자 기준)				비고
	술	담배 (cigarette)	향수	기타 물품	
뉴질 랜드	4.5 *l* (와인, 맥주) 3병 (기타 술, 1.125 *l* /병)	200개비 (1보루)		N$700 이내	다음 품목은 반드시 신고 • 모든 종류의 식품, 식물, 생물 견본 • 동물, 가축 또는 동물성 제품 • 동물 또는 가축에 사용되었던 용품 • 캠핑장비, 골프클럽, 사용한 적이 있는 자전거
독일	2 *l* (22% 이하) 또는 1 *l* (22% 초과)	200개비 (1보루)/ 시가렛 50개비	50g	€430 이내	10,000유로 이상을 휴대반입하는 경우 세관에 신고 • 조류, 조류가공식품, 계란, 조류알, 깃털, 동남아시아로부터 반입되는 가공되지 않은 사냥 노획품 • 식품의 경우 여행 중 개인적으로 필요한 적당량 면세 * 외환 및 박람회(전시회) 참가 물품 미신고로 인한 불이익이 없도록 주의 필요
러시아	2 *l*	400개비 (2보루)	적당량		
말레이시아	1 *l*	200개비 (1보루)/ 시가렛 50개비		MYR 200	
미국	1병(1 *l*)	200개비 (1보루)/ 시가렛 50개비	2oz	US$100 이내	어류, 야생동식물 및 이들의 생산품은 금지, 허가, 승인, 검역대상에 해당 • 식품이나 식물성 생산품은 검역대상 • 가축, 가금류도 거의 대부분 반입 금지 • 남용 우려가 높은 중독성 약물 • 약물류, 무기류, 폭발물 • 향쑥속(artemisia) 성분을 포함한 주류 • 개와 고양이 털을 사용한 물품

베트남	1.5 *l*	400개비 (2보루)/ 시가렛 50개비	적당량		
사이판	sprit 0.6 US 갤론, WINE 1US 갤론	600개비 (3보루)	적당량		
싱가 포르	1 *l*	면세대 상 제외	적당량	면세 한도 없음	다음 품목은 반입이 금지됨 • 껌 • 씹는 담배 및 담배모양의 제품 • 권총 모양의 라이터 • 폭죽 • 마약 및 향정신성 의약품 • 음란성 출판물 · 영상물 • 해적판 출판물 · 영상물
영국	2 *l* (22% 이하) 또는 1 *l* (22% 초과)	200개비 (1보루)/ 시가렛 50개비	2oz	€430 이내	마약, 총기, 음란물, 위조상품은 반입 금지 • 의약품은 처방전 및 의사소견서를 지참하여야 함 • 외환은 반입 · 반출에 관한 제한이 없음 • EU 이외의 국가에서 영국으로 입국하는 경우 10,000유로 이상의 현금(은행어음, 수표 등 포함)은 외국환 신고대상임
인도	1병	200개비 (1보루)/ 시가렛 50개비	2oz		
인도 네시아	1 *l*	200개비 (1보루)/ 시가렛 50개비	적당량		
일본	3병(760*ml*/ 병)	400개비 (2보루)	2oz	¥20만 이내	다음 품목은 반입이 금지됨 • 마약, 향정신약, 대마, 아편, 케시껍질, 각성제 등 • 총기류, 폭발물, 화약류 공안 또는 풍속을 해하는 서적, 도화, 조각물 그 밖의 물품 • 위조 브랜드 상품 등 지적재산권을 침해하는 물품 • 아동 포르노 • 의약품, 화장품 등은 수량 제한이 있음

중국	2병 (총 1.5 *l* 이하, 12% 이상)	400개비 (2보루)	적당량	元 2,000 이내	검역 또는 식품위생 검사대상 물품은 원칙적으로 반입이 불가능함(진공 포장 등으로 포장된 식품이고, 자가사용 목적의 합리적인 수량 범위 내에서는 면세통관 허용될 수 있음) • 출국 여행자가 휴대하여 기내에 반입하는 주류는 항공기 안전을 이유로 금지하고 있으므로, 반드시 출국 수속시 항공사에 기탁하여야 함 • 홍콩 · 마카오지역 왕복 여행자에 대해서는 별도의 면세기준 적용
캐나다	1병 (와인 1.5 *l*, 위스키 1.14 *l*) 24캔 (맥주 355*ml /* 캔)	200개비 (1보루)		CA$60 이내	처방약품을 반입할 경우 그 내역을 확실하게 확인할 수 있어야 함 • 약품명과 처방약임을 확인할 수 있는 라벨 또는 원래의 약품포장 등이 유지될 것. 이러한 상태 유지가 어려울 경우 의사의 처방전이나 관련서한 사본을 소지해야 함 • 애완동물 : 미국으로부터 반입되는 3개월 이상의 개와 고양이는 최근 3년 내 광견병 예방 접종 증명 필요. 기타 지역으로부터의 모든 동물은 식품검사청(CFIA)에 사전 문의 필요 • 식물 : 모든 식물류 반입은 식품조사청(CFIA)이 발행하는 식물보호 수입허가증을 발부받아야 하며, 사안에 따라 원산지 정부 당국이 발행한 검역확인증이 요구될 수 있음(미국에서의 반입시 일부 가정용 관상 식물은 면제)
태국	1 *l*	200개비 (1보루)	적당량	TB10,000 이내	반출이 제한되는 물품 • 불상, 종교용품, 골동품 • 보호 야생동물(새, 원숭이, 파충류 등) • 보호 식물류 등 반입이 제한되는 물품 • 통신장비 및 무전기(워키토키) • 식물, 육상동물, 수중동물, 어류 등

프랑스	2 *l*(22% 이하) 또는 1 *l*(22% 초과)	200개비 (1보루)		€430 이내	개인 치료 목적의 3개월 사용분의 약품은 여행자 휴대품으로 반입 가능 다음의 물품은 반입 금지 • 위변조물품 • CITES에 의하여 보호되는 멸종위기 야생 동식물 • EU회원국의 식물에 해를 미칠 수 있는 식물 및 그 제품
필리 핀	1 *l* 이하의 주류 2병	400개비 (2보루)/ 시가렛 50개비	적당량	US$ 350 이내	
한국	1 *l*	200개비 (1보루)/ 시가렛 50개비	2oz	US$ 400 이내	우리나라 출국시 주의사항 〈세관 휴대 반출 신고대상〉 • 해외여행시 사용하고 입국시 재반입할 귀중품 및 고가의 물품 • 미화 1만달러 상당액을 초과하는 해외여행 경비(우리나라 화폐 포함) • 기타 관련법령에서 반출을 제한하는 물품 (총포·도검·화약류, 동·식물류 등)
호주	2.25 *l*	250개비	AUD 900	A$900 이내	다음 품목은 반드시 신고 • 계란 관련 제품 및 유제품 • 통조림 형태가 아닌 육류제품 • 한약재(호랑이 고약 등) • 살아있는 동물 및 화초류 • 씨앗·견과류·과일·채소 • 김치 등 발효음식
홍콩	1 *l*	19개비	60ml	면세 한도 없음	모든 살아있는 동물, 조류, 식물(소비용으로 꺾은 꽃, 과일, 채소와 중국 본토에서 생산되거나 수입되는 멸종위기에 있지 않는 식물은 식물 수입증명서 면제) • 모(위)조품과 판권 침해 물품 ※ 모(위)조품이나 판권 침해 물품을 반입하는 자는 형사 기소될 수 있음 • 불꽃놀이 폭죽 제품 • 총기류 및 탄약 소형화기, 전기충격기 (electric stunning devices) 포함

11 기내 면세품 인수인계

❶ 기내판매가 완전히 끝나면 기내 면세품의 재고정리 및 파악^(인벤토리, Inventory)을 하게 되며 재고정리는 기내판매에 사용한 모든 POS 기계를 특정 POS^(Master)에 접속시켜 판매한 모든 품목과 비용을 종합한다.

또한 판매금액을 정확히 계산하여 현금과 카드를 합한 금액과 일치하게 되면 비행기를 인계/인수하는 승무원 간 인수, 인계용 보고서를 기내판매 POS^(대한항공에서는 KALPOS라고 함)에서 출력하여야 한다.

기내 면세품 인수인계 출력용 POS

POS에서 출력한 기내면세품 인계서

● 재고정리 및 파악^(인벤토리, Inventory) : 기내 현장에서는 재고정리 및 재고 파악하는 절차를 '인벤토리 한다'라고 표현한다.

❷ 해외현지 도착시 기내판매품은 승무원 간 Seal to Seal 방식으로 인수/인계하게 되며 만일 인수받은 금액과 기내판매품의 수량이 차이가 나거나 기내 면세품을 봉인한 Seal이 파손된 경우, 또는 인수받은 번호가 기내 면세품을 봉인한 Seal 번호와 다른 경우 지상직원 입회하에 개봉하여 점검할 수 있고 상호 서명을 통해 확인할 수 있다.

☑ 해외에서 면세품 분실사례가 발생했을 경우 처리절차

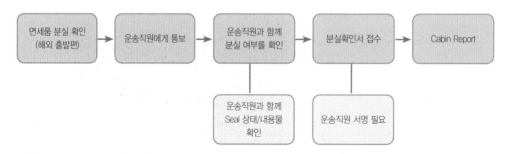

| 기내판매품 봉인용 seal | 봉인하기 전 상태 |

| 봉인한 상태 | 봉인된 seal이 파손된 상태 |

기내판매품을 시건하는 Seal
: 항공사별로 색깔은 다를 수 있지만 일반적으로 빨간색은 기판품, 파란색은 기용품 봉인에 사용하며 일단 봉인된 SEAL은 뜯어내지 않는 한 절대로 열 수 없고 봉인된 상태에서 SEAL에 써있는 번호와 인계받은 장부의 번호가 일치하면 정상이다.

❸ 기상악화, 도착지 공항사정상 또는 불가피한 원인으로 항공기가 출발지 공항으로 회항하는 경우 탑승객에게 기내판매된 면세품은 관세법상 위법이 되므로 전량회수하고 환불조치하여야 하고 해외에서 출발하는 항공기 역시 현지지점의 지상직원과 확인 후 필요시 기내 면세품을 회수하고 전액 환불한다.

기내 면세품 판매 후 잔량/판매한 물품/대금이 서로 맞지 않을 경우도 발생할 수 있다. 현장 승무원들은 이런 경우를 쇼트(Shortage)가 발생하였다고 하며 정당한 절차에 의해 판매되었을 경우 회사에서 대금을 변제해 주는 제도도 있지만 규정과 절차를 준수하지 않은 경우 전액 해당 승무원이 변제해야 하므로 판매 시 꼼꼼함이 요구된다.

또한 기내에서 보관 부주의로 인해 기내판매 대금을 일부/전체를 분실한 경우, 해외에서 봉인을 하지 않거나 부실한 봉인을 하는 등 개인의 보관 부주의로 면세품 분실이 발생되었을 경우에는 봉인절차를 준수하지 않은 승무원이 변상하도록 하고 있다.

따라서 객실승무원의 비행 중 업무의 일부인 기내 면세품 판매, 봉인 및 인계/인수는 정확하고 신중하며 집중력이 요구되는 기내업무 중의 하나라고 할 수 있다.

객실상태
점검하기

Chapter

10

객실상태
점검하기

수행
준거

● 객실 서비스 규정에 따라, 고객 서비스를 위해 객실 시설물을 수시로 점검하고, 조치를 할 수 있다.
● 객실 서비스 규정에 따라, 기내식 서비스 후 객실 통로 및 주변을 청결히 할 수 있다.
● 객실 서비스 규정에 따라, 승객의 쾌적한 여행을 위해 객실 내 온도 및 조명을 관리할 수 있다.

 객실(Cabin) 시설물 점검하기

항공기 객실에는 승객의 쾌적한 여행을 위해 승객 좌석에 장착된 편의시설 및 기내 서비스를 제공하기 위한 다양한 종류의 시설물이 있으며 항공기 기종에 따라 사양과 작동방법에 약간의 차이가 있으므로 객실승무원은 사전에 시설물 사용법을 숙지하여 고객에게 응대하여야 한다.

또한 비행 중 기내 각종 시설물에 이상이 없는지 항상 점검하여야 하며 객실승무원은 담당구역별로 객실(Cabin), 갤리(Galley), 화장실(Lavatory), 승객좌석(Seat), 좌석 앞 주머니(Seat Pocket) 용품의 세팅상태 점검을 통해 기내를 항상 청결하고 쾌적하게 유지하여야 한다.

승객의 편안한 휴식을 위해 객실통로(Aisle), 수하물 선반(Overhead bin), 코트룸(Coat room), 승무원 휴식공간(Crew Rest Area) 등의 청결상태 및 위험물질 탑재 여부를 비행 중 상시 확인해야 하며 비행 중 항상 아래의 사항을 점검하고 이상 발견시 객실사무장/캐빈매니저에게 보고하여야 한다.

02 통로 및 주변 점검하기

승무원은 매 15분마다 기내 순회(Walk around) 실시하여 통로 및 주변 청결에 신경써야 하며 기내식 서비스 후 통로 및 주변 청결시 맨손을 사용하지 말고 오물수거 장비나 갤리(Galley)에

A320 기내 통로

A380 Upper Deck 통로

비치된 비닐장갑을 착용 후 이물질 및 청결활동에 임해야 한다.

또한 승객 Seat Pocket 내 사용한 컵이나 불필요한 물건으로 생각되는 품목은 승객의 의향을 물어 치우고 승객이 신발을 벗어 타 승객에게 후각적, 시각적 불편을 초래한다고 판단되는 경우에는 신발을 신도록 권유한다.

A321 기내 통로

단, 기내에서 제공된 양발을 신고 있는 경우에는 제외한다.

03 객실온도(Cabin Temperature) 점검하기

기내 온도는 섭씨 24도를 기준으로 -1도, -2도/ +1도, +2도 정도로 유지하는 것을 원칙으로 하며 너무 춥거나 덥거나 하면 객실사무장/캐빈매니저에게 고지하여 기내 온도를 재설정할 수 있도록 해야 한다.

항공기가 지상에 있거나 비행 상태에 있을 경우, 조종석 및 객실을 청결하고

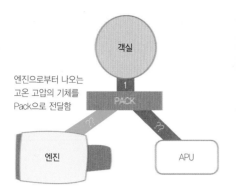

엔진으로부터 나오는 고온 고압의 기체를 Pack으로 전달함

객실

PACK

엔진

APU

B777 객실온도 조절장치

쾌적하게 유지하기 위하여 기내로 계속해서 신선한 공기를 공급하고, 이산화탄소(CO_2) 등 승객에 의해서 사용된 공기는 계속 항공기 밖으로 배출시킴으로써(객실 전체 환기를 위해 B747 항공기의 경우 6~9분 소요) 객실 내를 항상 신선하게 하고 온도를 적절하게 유지시켜 주는 장치가 민간 항공기에는 설치되어 있는데 이것을 통상 항공용어로 에어컨디셔닝 시스템(AIR CONDITIONING SYSTEM)이라고 부른다.

항공기가 지상에 있을 때, 계절의 변화와 지역적 특성에 따라 외부의 온도가 다르지만 객실 내의 온도는 그때의 탑승객들에게 가장 편안한 최적의 온도를 유지하기 위해 냉방 혹은 난방 장치가 필요하고, 항공기가 비행 상태에 있을 경우, 외부 온도가 너무 낮기 때문에(33,000FT / 10KM의 대기 온도는 대략 -55℃ 정도) 이 극저온으로부터 승객과 승무원을 보호하면서 쾌적한 공간을 제공하려면 난방 장치가 필요하다. 따라서 이런 필요에 따라 객실 내로 공급되는 공기는 항공기 날개에 장착되어 있는 엔진(ENGINE)으로부터 가져오게 된다.

항공기는 이곳으로 영하 -55도의 공기를 빨아들인 후 고온으로 압축하여 더워진 공기와 외부의 차가운 공기를 섞어 기내에 공급하게 된다.

항공기 엔진 앞에 서 있는 저자

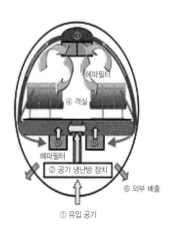

③
헤파필터
④ 객실
헤파필터
② 공기 냉난방 장치
⑤
⑥ 외부 배출
① 유입 공기

　원래 ENGINE은 외부의 공기를 흡입, 고압으로 압축시켜 항공기의 추력^(앞으로 나가는 힘)을 생산하는 것이 주목적이지만, 부수적으로 이 압축된 공기의 일부를 에어컨 시스템에 공급하여 객실에서 사용하는 것이다.

　즉, 객실의 온도를 조절하기 위해 ENGINE에서 생산된 뜨거운 공기를 사용하여 ENGINE에서 빼내온 이 공기는 아주 높은 압력으로 압축한 것뿐인데도 태우지 않았지만 너무 뜨겁기 때문에^(177~227℃) 곧바로 객실 내로 공급할 수가 없다. 따라서 객실 내에서 사용할 수 있도록 적절하게 냉각시켜 주어야 하는데, 이 장치를 AIR CONDITINING PACK이라고 부르게 된다. 우리가 가정에서 사용하는 에어컨이나 냉장고는 프레온가스^(FREON GAS)로 요즘은 환경보호를 위해 대체 냉매 HFC134A를 사용하여 차가운 공기를 만들지만, 항공기의 PACK은 이 고온의 압축공기를 팽창시켜 냉각을 시키게 된다. 즉, 단열팽창에 의한 냉각 효과를 이용하는 것이며 일단 이렇게 낮은 온도의 공기를 얻게 되면, 여기에 PACK을 통과하지 않은 뜨거운 공기의 일부를 섞어 객실에서 설정한 적당한 온도의 공기^(섭씨 24도 내외)를 만들어 주게 된다.

기내 에어컨 바람 나오는 곳

B747-400 CCTM

‑ ‑ ‑ B747-400 항공기 객실온도를 조절할 수 있는 장치. CCTM이라 한다.

　그런데 대형 항공기는 객실이 너무 넓기 때문에 우리의 눈에 보이지는 않지만 객실을 몇 개의 지역^(ZONE)으로 구분하여 온도를 지역별로 조절^(18~30℃)할 수 있도록 설계되어 있다. 즉, PACK을 통과한 차가운 공기에 PACK을 통과하지

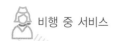
않은 뜨거운 공기를 얼마나 섞어 주느냐에 따라 지역별로 온도 차이가 발생할 수 있다는 뜻이며, 이런 온도 조절은 조종사나 객실사무장/캐빈매니저가 선택한 온도를 기준으로 COMPUTER에 의해서 자동으로 이루어지게 되는 것이다.

따라서 항공기의 에어컨 시스템은 냉방과 난방이 모두 가능한 셈이 된다.

 객실조명 조절(Light Control)**하기**

A380 조명 조절장치

B737 조명 조절장치

B777 조명 조절장치

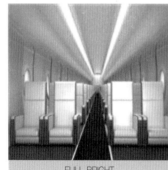
FULL BRIGHT

FULL BRIGHT

NIGHT

객실의 조명은 서비스 내용 및 시간대에 따라 조절해야 하며 항공기 도착 전, 식사 서비스를 위해 객실조명을 최대밝기(Full Bright)로 조절할 때에는 승객의 조도(기내 밝기) 적응을 위해 약간 어두운 상태에서 3분 정도 유지한 후 단계적으로 20초 정도의 시차를 두고 조절한다. 반대의 경우 밝은 조명에서 어두운 조명으로 조절시에도 단계적으로 시간차를 두고 조절한다.

식사 서비스 중 객실조명은 최대밝기(Full Bright)가 원칙이나 서비스 시간대를 고려하여 중간단계인 Dim 또는 Medium 정도로 조절하여 서비스할 수 있으며 기내판매 시에는 최대밝기 상태로 유지하나 저녁 8시 이후 출발하는 항공편에서는 기내조도를 Dim으로 유지한 뒤 기판 보조등을 이용하여 기내판매를 실시한다. 비행 중 기체요동(Turbulence) 발생시 객실조명이 모두 꺼져 있을 경우에는 좌석벨트 착용상태 확인을 용이하게 하기 위해 필요시 기내 조명상태를 Dim으로 조절해야 한다. 객실사무장/캐빈매니저는 기내의 클래스별 상황에 맞도록 조명을 단계별로 적절히 조절해야 하며 이/착륙시에는 전 클래스의 조명을 Dim으로 하여 비상탈출시 승객의 외부 조도적응을 돕도록 해야 한다.

- Safety Demo 실연 : full bright
- Safety Demo 비디오 : Dim position으로 한다.

05 화장실(Lavatory) 점검하기

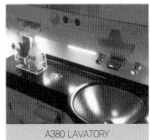

A380 LAVATORY

B777 LAVATORY

A330 LAVATORY

객실승무원은 비행 중 화장실 내부 시설물의 고장 여부와 청결상태를 수시로 점검해야 하며 고장난 화장실은 더 이상 사용하지 않도록 외부에서 잠그고 화장실 문에 '수리 중'(Repair Tag)이라는 표식을 부착하여야 한다.

화장실은 개별 소모품을 제일 많이 필요로 하는 곳이므로 비행 전/비행 중 식사 서비스 직후/승객 휴식/착륙 전 매 30분마다 반드시 점검하여 필요한 물품과 청결상태를 유지해야 한다. 화장실을 점검하는 승무원은 위생적인 측면을 고려하여 갤리에 비치되어 있는 비닐장갑과 방향제를 이용한다.

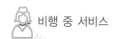

화장실 경고문

사용가능표시

화장실 내 옷걸이

Repair Tag

☑ **화장실 점검항목**

- 세면대(Water Basin), 변기(Toilet Bowl), 물내림장치(Flushing Button) 상태 확인 및 위험물질 탑재 여부 점검
- 컴파트먼트(Compartment) '잠금'상태 확인
- 연기감지기(Smoke Detector) 위치, 작동상태 확인

☑ **화장실용품 점검항목**

- 화장지, 두루마리 화장지(Roll Paper), 종이타월(Hand paper towel), 3온스컵(3oz cup), 일회용 변기커버(Toilet Seat Cover)
- 스킨, 로션, 향수, 빗, 칫솔, 면도기, 생리대, 구강청정제

☑ **화장실 세팅**

- 승객 탑승 전 화장실용품이 충분히 탑재되었는지 점검한다.
- 화장실 컴파트먼트(Compartment) 내 여분의 비품 및 용품이 충분한지 점검한다.
- 스킨(Skin), 로션(Lotion)은 뚜껑을 열어 로고(Logo:항공사 표식)를 앞쪽으로 오게 하고 입구를 열림 상태로 돌려 놓는다.
- 두루마리 화장지(Roll Paper)는 사용하기 쉽도록 끝쪽을 앞으로 하여 삼각형으로 접어두며 뽑아 쓰기 쉽게 미리 한 장을 반장 정도 뽑아 놓는다.
- 액체비누(Liquid Soap)는 노브(Knob)를 눌러보아 비누잔량이 충분한지 확인한다.

- 화장실용품은 정해진 위치에 가지런히 정돈해 놓고 비행 중 청결이 유지되도록 한다.
- 기내식 서비스 후 객실승무원은 해당 클래스 화장실에 지상에서 준비한 칫솔세트를 세팅(Setting)한다.
- 화장실 비품은 승객 탑승 전부터 하기시까지 항상 비치되도록 지속적으로 보충한다.

화장실 방향제 스프레이

구강청정제

두루마리 휴지 Roll paper

- - - - - 로션의 노브(Knob)

로션

Roll paper 접는 방법

☑ 비행 중 점검요령

- 화장실은 항상 청결하게 유지되도록 수시로 점검한다.
- 화장실 주변 통로를 수시로 청소하여 청결유지한다.
- 화장실 점검은 화장실 문을 연 상태로 비닐장갑을 끼고 점검한다.
- 화장실 내부 점검이 끝난 후 방향제를 스프레이한다.
- 화장실 내 절대 금연규정을 준수하며 비행 중 화장실에서 흡연하는 승객이 있는지 수시로 점검한다.

화장지 접는 방법

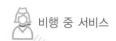

06 갤리(Galley)용품 점검하기

비행 중 갤리(Galley)에서는 승객에게 식음료를 제공하기 위해 갤리 내 오븐(Oven), 워터보일러(Water boiler, 물 끓이는 장치), 커피메이커(Coffee maker), 워머(Warmer : 음식을 데우거나 뜨거운 상태로 유지하는 설비), 컴파트먼트(Compartment) 및 캐리어박스(Carrier on Box), 카트(Cart) 그리고 기물을 이용하여 식음료를 준비하게 된다.

식음료를 준비하는 동안 갤리(Galley) 내 탑재된 음식의 신선도와 위생상태를 고려하여 항상 청결한 상태를 유지해야 하며 서비스 시작 전에 기물 및 기용품의 청결도, 상태를 점검하여 사용하고 다음 편수에 인수할 기물이나 기용품은 깨끗이 세척하여 다음 편 승무원이 알 수 있는 정위치에 보관한다.

☑ 갤리(Galley) 점검

갤리 내의 모든 탑재물품, 컴파트먼트, 캐리어박스, 카트 등 닫히거나 잠글 수 있는 모든 유동물은 사용 후 즉시 닫힘(Locking), 잠김(Latching)상태를 확인하여야 하며 기물 및 사용하지 않는 카트는 항상 정위치 보관장소에 보관한다.

객실 내에서 작업하는 경우를 제외하고 이/착륙시, 서비스시, 승객 휴식시 갤리커튼을 열어 둔다. 또한 장거리 승객 휴식시간에는 갤리를 개방해도 무방하며 갤리 작업 시에는 소음이 나지 않도록 유의한다.

모든 객실승무원은 비행 전 갤리 내 각종 설비의 정상작동 여부를 항상 점검하여야 하고 갤리 내 각종 설비를 작동하기 전 정확한 사용방법을 숙지한 후 사용한다.

마지막으로 모든 갤리용품은 다른 승무원/다음 편 승무원이 찾기 쉽도록 지정된 장소에 비치되어 있어야 하며 항상 청결에 각별한 관심을 기울여야 한다.
갤리용품이나 기물 등을 분실하였을 때는 객실사무장/캐빈매니저에게 보고하
여 재탑재 및 대체탑재를 고려할 수 있도록 해야 한다.

memo

참 고 문 헌

Pictures From 32 years Flight in Korean air

Docs From 32 years Flight in Korean air

Knowledges From 32 years Flight in Korean air

대한항공 객실승무원 서비스 교범

대한항공 객실승무원 교범

대한항공 사무장/승무원 방송문 및 부록

대한항공 홈페이지

아시아나항공 홈페이지

www.airbus.com(에어버스사 홈페이지 for A320/330/380)

www.boeing.com(보잉항공사 홈페이지 for B737/777/747)

www.bombardier.com(봄바르디어 항공사 홈페이지 for CRJ-200/1000)

www.tsa.gov 미국교통안전청(Transpotation Security Administration) 홈페이지

국토교통부 국토교통뉴스(www.news.airport.co.kr)

인천국제공항 홈페이지(www.airport.kr)

검색엔진 내 대한항공 견학 블로그

대한항공/아시아나/제주항공/진에어/이스타항공/T way/유스카이 항공 홈페이지

위키백과 /위키 pedia /You tube

항공정보 포털 시스템(Air Portal)

대한 심폐소생협회(www.kacpr.org)

영종의 항공 이야기(www.airstory.kr)

비행 중 서비스

초판1쇄 인쇄 2020년 3월 20일
초판1쇄 발행 2020년 3월 25일

지은이   최 성 수
펴낸이   임 순 재

펴낸곳   (주) 한올출판사
등 록   제11-403호
주 소   서울특별시 마포구 모래내로 83(한올빌딩 3층)
전 화   (02)376-4298(대표)
팩 스   (02)302-8073
홈페이지   www.hanol.co.kr
e-메일   hanol@hanol.co.kr

ISBN 979-11-5685-882-9

  ▫ 이 책의 내용은 저작권법의 보호를 받고 있습니다.
  ▫ 잘못 만들어진 책은 본사나 구입하신 서점에서 바꾸어 드립니다.
  ▫ 저자와의 협의하에 인지가 생략되었습니다.
  ▫ 책 값은 뒷 표지에 있습니다.